史海钩沉

——历史上的福厦一瞥

[美]劳希　[美]考文　[英]乔治·休士 / 著

孙丽红　胡雯 / 译

海峡出版发行集团｜海峡文艺出版社

图书在版编目(CIP)数据

史海钩沉:历史上的福厦一瞥/(美)劳希,(美)考文(英)乔治·休士,著;孙丽红,胡雯译. —福州:海峡文艺出版社,2025.3

ISBN 978-7-5550-3641-8

Ⅰ.K295.7

中国国家版本馆 CIP 数据核字第 2024D8W331 号

史海钩沉——历史上的福厦一瞥

[美]劳希　[美]考文　[英]乔治·休士　著

孙丽红　胡雯　译

出 版 人	林　滨
责任编辑	林可莘
出版发行	海峡文艺出版社
社　　址	福州市东水路 76 号 14 层
发 行 部	0591—87536797
印　　刷	福州德安彩色印刷有限公司
厂　　址	福州市金山工业区浦上标准厂房 B 区 42 幢
开　　本	787 毫米×1092 毫米　1/32
字　　数	150 千字
印　　张	8.5
版　　次	2025 年 3 月第 1 版
印　　次	2025 年 3 月第 1 次印刷
书　　号	ISBN 978-7-5550-3641-8
定　　价	45.00 元

如发现印装质量问题,请寄承印厂调换

导　言

　　福建是中外文化交流的重要窗口。从宋元开始，福建一直是东西方文化交流的中心之一，来自世界各地的商人、旅行家、探险者、外交使节、传教士等人梯山航海，络绎不绝地到达福建，开展积极的文化考察与交流活动，以致对外文化交流成了福建文化最鲜明的个性之一。福建文化这个鲜明的个性，使它成为我国传统文化中的一朵奇葩。同时，这个鲜明的个性又使它在整个中西文化交流过程中占有十分显著和重要的地位。

　　鸦片战争是中国历史的一个重要转折点，也是福建对外文化交流史上的一个拐点。从这个时期开始，西方与福建的文化交流迈向一个新台阶。19世纪上半叶至20世纪初，来到福建活动的传教士、外交官、海关人员、商人、探险家以及其他临时来访的西方人，通过他们在福建的长期生活和参观考察，写下了大量有关福建地理、历史、社会、经济、物产以及各主要城市的著作与文章，为西方世界认识福建的方方面面提供了十分有用的信息资料。他们对福建的记载、报道和介绍，无论在数量上，还是在广度与深度上，都远远超过历代来闽西方人士所写的游记、报告。这些资料一方面在客观上为殖民列强侵略福建服务，另一方面也加强了福建与西方世界的沟通与联系，使西方对福建有了更全面、更深入的了解，这对福建更快地走向世界无疑有一定的积极作用。

本书所选译的两部著述，正是19世纪上半叶至20世纪初来闽西方人士撰写的有关福建社会各方面事象的论著。这两部著作不仅从一个侧面反映了当时西方与福建的文化交流；也从另一个侧面折射着近代福建社会的时代信息与真实面貌，对于今人认识与了解一百多年前的这段历史，无疑是有巨大的史料价值和研究意义的。

本书由两部著述组成，一是《法国人在福州》，二是《厦门及其周边地区——来自中国和其他的记载》。

《法国人在福州》由两位美国海军将军劳希与考文合作

撰写，1884年由上海华洋通讯出版社出版。该书主要讲述法国人在福州的军事活动，特别是马江海战的详细经过。

在书中，两位作者详细记载了马江战役过程中法国军舰与清朝水师之间交战的细节，为我们提供了不可多得的第一手资料和独到的观察视角。通过作者的描述，我们得知了战役从开始到发展之进程，以及战役结束后的后续情况。最后，作者对这一历史事件进行了回顾、比较和评价，从两国舰队、军队的比较中得出自己的结论。

需要指出的是，与多数西方作者撰写有关中国之论著所持基调一致，该书两位作者也流露出强烈的殖民主义情结，这也是那个时代西方人审视中国不可避免的局限性。

《厦门及其周边地区——来自中国和其他的记载》是英国海关人员乔治·休士的作品。休士于1862年12月16日至1865年4月12日任厦门海关税务司，他也写过关于太平天国和小刀会的文章。《厦门及其周边地区——来自中国和其他的记载》是根据大量中文和其他资料写成的，1872年在香港出版，分历史、地理、贸易三大部分。

在"历史"部分，休士对厦门的历史，特别是近代史上太平天国运动期间，厦门发生小刀会起义的历史情节，给予了细微的描述，具有重要的史料价值。这部分内容包括：厦门历史上与日本人、荷兰人的纷争，郑芝龙与郑成功时期对厦门的经略，荷兰丧失对台湾的占领，荷兰试图占据中国大陆一席之地，英国占领厦门，小刀会攻占厦门，小刀会的历史，小刀会首领颁布的税费标准，清军夺回厦门，太平军残部占领漳州府，外国人与太平军的联系，白齐文将军的介绍以及清军夺回漳州府等重要历史人物与历史事件。

在"地理"部分中，休士详细介绍了厦门城墙，鼓浪屿，厦门的自然特征、气候、居民的性情和习俗，其中专门论述了厦门一带的弑婴恶习，还介绍厦门古迹（主要是宗教场所）、航标，漳州概况，浦南桥与浦南镇，泉州概况，安海、安溪的茶叶种植，同安、金门与闽南一带的动物群等。内容非常翔实具体。

在最后一部分"贸易"中，休士则主要从厦门宋、元、明、清贸易概况，欧洲船只首次到达，海外贸易税收监督、关税制度、征收的关税数量，监督者与控制权，厦门海关的首次建立、海关管理权移交，与欧洲国家的早期贸易联系，东印度公司与厦门地区的贸易联系，《南京条约》与重新开放的厦门港，外国海关监督下的贸易，1862 年至 1872 年进出口贸易和复出口贸易值，同期征集的税收，贸易总体评价，厦门与台湾之间的茶叶贸易等方面展开介绍和论述。这是研究近代厦门贸易经济史，特别是海关史的重要资料。

　　总之，透过休士的这部论著，我们可以对近代厦门及周边地区的历史、地理、社会经济与对外贸易等情况有一个大致的了解。难能可贵的是，休士作为英国海关人员，能够充分利用中国文献与材料进行撰写，特别是利用自身担任厦门海关税务司的机会，掌握进出口贸易报告和数据，对厦门小刀会的叙述也比较接近历史真相。这些资料都是研究那个时期厦门及周边地区社会经济的重要史料。休士的这部著作也因其资料价值高而被后世学者不断引用；不过由于作者毕竟是站在西方角度来看问题，书中也难免存在西方人士思维定式与失当的评价，相信读者能够从中做出客观的评判。

林大津

目　录

法国人在福州

厦门及其周边地区——来自中国和其他的记载

法国人在福州

［美］劳希（James F. Roche）

［美］考文（L. L. Cowen）　　著

孙丽红　翻　译

林大津　审　校

作 者 序

这本书的创作初衷就是公正而又全面地向大家叙述法国人在闽江上的后期活动。

我们亲眼见证了这段历史，并且在此后有幸能考证或驳斥许多流传的说法，我们拒绝任何无稽之谈。

我们衷心地感谢那些提供给我们事实和参考数字的海陆军人员，同时也感谢那些全心全意帮助我们工作的记者们。

本书撰写匆忙，兼之环境所限，书中难免有纰漏之处。

衷心希望我们的处女作能满足大家对知识的渴望之情，亦能得到大众的广泛认同。

第一章　福州与闽江

　　福州，更确切地说，福州府，在近代被法国所盘踞的"有福之州"，坐落在风景如画的闽江左岸，距海 26 英里。自 1842 年协定对外国商贸开放以来，这座福建的省会城市如今已经成为商业重要性仅次于上海的海港之城，尽管有许多先天的不利条件，诸如港口的沙洲、狭窄的海道之类的。

　　据估算，大约有 60 万人生活在这座城市里。这座城市尽管还保持着每个中国小镇所具有的特点：肮脏凌乱、臭气熏天、不堪入目，但其本身并不俗气。5 座山峰伫立在波形的平原上，俯瞰着福州。这座城被划分为两块区域，一块是普通百姓居住地，另一块主要是商铺和"具有智慧和经济头脑"的人的居所。在这里，挂着星条旗的美国人和挂着圣乔治十字国旗的英国人联合起来，成功对抗着当地人的迷信、偏见与固执，并最终让高度的文明和繁华的贸易深深地植根于此，以至于任何革命都不足以撼动它们。

闽江充满如画的自然风景，还有一些人造的风景也一样美丽。要进入闽江就必须穿过一处浅滩，在这里涨潮的时候水位会达到 24 英尺。往里走，通过狭窄的水道，面对的是相对宽阔的峡道。逆流而上，水道又变得狭窄起来，这时游客就会看到片片稻田，点缀着星星点点的小竹屋。当地人就在附近的田里劳作，他们大大的遮阳帽一下子把我们带回到了学生时代：在课堂上，那些阿拉伯故事里的地理历史画卷比起对世界上的这个隐秘角落的实质性记录来，更能打动年轻的心。汽船轻轻地划过，我们悠然欣赏着那些小山，由小及大，全都被开垦了，梯田从静静流淌的河流一直延伸到山顶，整片风景如同一张充满活力的笑脸，映衬着大自然的肤色，仿佛是在向珍爱和保护它的上帝表达着感恩之情。

继续前行，穿过高山平原环绕的闽安（Mingan）河段，我们终于见到了期盼已久的港口——罗星塔（Pagoda Point）。轮船的掌舵者一边驾着船驶向罗星塔，一边指着一片小岛说："小伙子们，那就是平川岛（Flat Island）。"说实话当时那儿看上去索然无味，可是在不到两个星期的时间里，这里就变成一艘中国单桅纵帆战船的葬身之地。而现在这艘船，在闽江上乘风破浪，黄龙旗在桅杆上飘扬，那刺绣的金龙永远保持着昂首欲噬的姿态，暗示着它所代表的中国政府。当然对于一个陌生人来说，在船停泊后只有有名的东西才会引起他的兴趣。在磨心岛（Losing Island）的最高处有一个土堆，抑或是山包，罗星塔就坐落在它的顶端。从江上看罗星塔，会发现就在左边有一栋朴实的方形建筑，上方飘着英国国旗，这就是传教士居所的标志。从山的周围一直延伸到水边，分布着大量木屋。江边伫立着几栋壮观的建筑，尤其耀眼的是那座方形的白色的警察局。

一片树木和灌木丛围着一座小房子，屋顶插着自由之旗，这里是美国一家商业公司的办事处。也许登上这座小山走到街道上，我们就会看到老实巴交的当地人正在循规蹈矩地劳作着，同时也能看到这个国家这个地区常见的生活用品。哦，这儿有一家中国商店，让我们来看一下里面的商品：巴斯酿造的爱尔啤酒、伯克出产的爱尔兰威士忌、轩尼诗的白兰地、健力士的烈性啤酒和雪茄——看到这些，很多人会说这些天外人是不可能被开化的——一筐大米，角落的棍子上有些看上去古里古怪的东西，我们想知道这究竟是什么，主人笑了笑，和蔼但又郑重其事地告诉我们"这不是欧洲的食品"。

罗星塔在形状和外表上与所有稀奇古怪的建筑异曲同工。这是一个空心的八角塔，约莫 100 到 120 英尺高；每一层都错落有致地点缀着飞檐；塔的上面是一个圆形的顶盖，顶着一根几英尺长的小柱子。根据当地人的讲述，这座塔的年代已经很久远，但是具体的时间连他们也不清楚。毫无疑问，这座塔的建成年代早于 13 世纪早期成吉思汗率领蒙古鞑靼入侵的时间。中国有无数的塔和寺庙，尽管有一部分是为了宗教的目的才建成的，但大部分只是古董或是标志性建筑，比如那些建在海滩或河边上的建筑物。据估计，在今天的北京城及其周边地区有多达 8000 座这样的建筑，许多都记录着古代中国的辉煌灿烂；在中国，无论多么小的村庄，都会拥有至少一座这样的建筑，即使是非常微型的。

和塔隔江相望的是海关大楼，居高临下地坐落在闽江左岸。在它的一边是德国领事馆，另一边是一个意大利绅士的家。这是一座巨大的白色方形建筑，透出一股商业的气息。面对流淌的河流，它默默地见证了屠杀和鲜血，同时也验证了一句老话："战争起起落落，但贸易的车轮却永远滚滚向前。"

海军船坞和码头是法军真正要攻击的目标，我们有必要把它们的位置、价值和适合实际作战的特点呈现给读者。

一条小江湾将罗星塔与陆地分隔开来，港湾上坐落着一个落后的小镇马尾（Ma-Moi），小镇一直延伸到山脚下，镇上主要居住着中国买办商人，他们就是在这里完成船只的交易的。在这后面，就是具有东方建筑特色的船坞，它由木板铺就而成，在大小和结构上类似上海的那些船坞，容量也相当。船坞四周是一堵高墙，在旁边矗立着几栋砖房，即蒸汽机房、水泵房之类。船坞的后面是一处很大的煤站，在战斗之前，煤炭已经被中国人藏到地道下面了，而法国人也有可能忽略了这个事实，不然的话，如果他们在战前得到消息，就会在占领院子的时候炸掉煤站。再向后延伸就是海军的船坞和军火库，它们占地约 90 英亩，在水面上延伸了将近半英里，长长的水岸线足以停泊大型船只。这块场地里还有锅炉房、机器厂房和铸造车间等；在办公室里面也许能找到带有法语标题的施工图纸。场地周围是常见的高墙。这块地产的规划建设是在法国人的指导下完成的，中国政府对它的估价是 5000 万美元，当然这里面也包括码头。它的职能和设备绝不亚于一个装备精良的船厂，并且它也有能力制造出能够和当时的一些对华贸易国家生产出的船舰抗衡的船只。交战前，两艘船只在建造中，其中的一艘才刚刚铺上龙骨，而另一艘的引擎都已经在安装之中了。另外两艘已经建造好了，停泊在船厂前面，但是并没有完全装备妥当。在匆忙的准备中，船只装上了榴弹炮，可能要用来参与防御作战。

船厂一建成，法国人就掌握了管理权。他们在职期间表现出色，不仅体现在建设方面，还向当地人传授工作和建筑的原理，这些知识能帮助当地人举一反三。这些欧洲人在北京红得发紫，日意格（M. Giquel），兵工厂的第一任总监，被允许有自己庞大的欧洲员工团队和许多的特权。他和乔治·戈登（Gen Gordon）① 是仅有的两个被授予黄马褂的欧

---

① 指火烧圆明园的英法联军的头领——英国人戈登，他曾帮助清政府镇压太平天国起义，后在苏丹民族大起义中被打死。

洲人，这是当时的中国政府能授予外国人的最高荣誉。

渐渐地，中国人在管理层的影响力超过了欧洲人。当然，这不是一蹴而就的，而是一直到当地人掌握了问题所在，接受了船舶建造的专业培训和具体事宜的指导，能运用自己的思维执行事务、进行监管之后，这一转变才得以实现。法国人同时也教授了法语。船厂里的当地人按照法语写的计划工作，用法语中的术语来分配任务，他们中的绝大部分人都是说法语的。

兵工厂上游的闽江自然风景同下游相似，但总的来说江面变宽了。两岸边的山峰树木一直延伸到蓝色的天际边。

第二章　阴暗来临

美国的"企业"号（*Enterprise*）汽船——隶属于美国海军中将艾伯特·巴克（Albert. S. Barker）指挥下的一个中队，在 7 月 10 日周日的上午停泊在了上海附近的吴淞口。几天前，由于战争的谣言，它从日本横滨来到这里，召集待命。停在它旁边的是哈灵顿中将（Harrington）指挥下的"朱尼安塔"号（*Juniata*），在上游的美国领事馆旁边停泊着"特伦顿（*Trenton*）"号，船长是菲西安（Phythian），船上飘着美国国旗，海军少将约翰·戴维斯（John Lee Davis）站在船上，他是亚洲水域的美国海军司令官。

"企业"号上的一切都在正常地进行着：船员在为司令官的每周检查做着准备，所有一切都各归其位，有条不紊。刀枪锃亮，偶尔会传出关于是否能够自由登陆的问讯声。一切看似无比的安宁，但一旦得到通知，他们就会在 5 分钟内，在其他船只的配合下，全副武装冲向火力点，以保护住在岸上的外国居民。尽管戴维斯少将和他的指挥官们都已整装就位，但是不论是军官还是船员都认为战斗是不可能来得这么突然的。大家就法国和中国是否能爆发战争在岸上和船上吵来吵去，双方各执一词。所以准备工作像往常一样进行着，到处弥漫着安息日宁静的气氛。10 点钟的时候，从"特伦顿"号传出信号召唤指挥官巴克上船。他过去一下就返了回来。

"保证所有船只在海上待命，准备出发。"就在今天！但去哪儿呢？没有一个人知道。终于从甲板上传来消息，预计纷争，乃至战斗会在福州爆发。"莫纳卡尼号"（Monocacy）在河流的上游与我们相距甚远。可我们必须让舰队司令到达那里进行指挥。另外，在这种情况下，两艘船总比一艘船要好。于是，在下午 1 点半的时候，在舰队司令戴维斯将军和他的随行人员登船之后，我们驶离了港口。驶过吴淞要塞（Woosung forts）和红色浮标（the Red Buoy），我们看到了法国的两艘战舰"德斯丹"号（D'Estaing）和"凯旋"号

（Triomphante）静静地待在港口，风平浪静。然而很快我们又将见到它们的另一面：喷射着死亡和毁灭。7月12日刚过3点，"企业"号到达了罗星塔附近的停泊处（Pagoda Anchorage），在外围靠近海湾顶端（Sharp Peak）停泊着法国的两艘战舰，"加里索尼"号（Galissoniere）和"巴雅"号（Bayard）。在锚地，停泊着几艘法国的船只，运输船"索恩"号（Soane），轻巡洋舰"杜瓦"号（Duguay Trouin），炮舰"阿斯匹克"（Aspic），"林克"号（Lynx），"蝮蛇"号（Vip'ere）和"沃尔特"号（Volta），最后这艘船上有一个人的名字将很快就会在法国的历史上名垂青史，他就是海军中将孤拔（Courbet）。这些船只都已经做好战斗的准备，上层的船桅已经装上，转管炮已经架好，缆绳随时准备解开，士兵们拿着枪，看着表，互相安慰着对方。在这个周六的下午，一切都整装待发，准备给对方致命一击。

除了这些船只，江里还停留着美国海军舰队的两艘战舰——"冠军"号（Champion）和"蓝宝石"号（Sapphire），三艘货运船——"新尔嘉"号（the Sin Kolga），"巴达维亚"号（Batavia）和"导星"号（Guiding Star），三艘汽

艇——"塔库"号（*Taku*），"格兰菲拉斯"号（*Glenfinlas*）
和"玛丽奥斯丁"号（*Mary Austin*）。中国舰队正处于防御
的状态，从海关大楼一直延伸到船厂：旗舰"扬武"号，还
有"永保"号、"琛航"号、"建胜"号、"福盛"号、"艺
新"号、"伏波"号、"济安"号、"飞云"号、"振威"号和
"福星"号。13艘战船装备着滑膛加农炮，护卫着罗星塔附
近的港湾；纵火艇满载着炸药，期待着痛击法国战舰。美海
军指挥官弗朗西斯·希金森（Francis J. Higginson）属下的
"莫纳卡尼"号（*Monocacy*）正停泊在福州城边上，戴维斯
中将赶到作战地点后不久，它就转归戴维斯中将的指挥之
下。美国舰队的"梅林"号（*Merlin*）和"莫纳卡尼"号停
泊在一起，这两艘战舰让联军略感安慰。我们刚刚到达，谣
言就开始疯狂地四处传播。法军要在日出时开战。鱼雷埋在
了敌方每艘船只的两边。四处扩散的谣言让人觉得如果一切
不幸而言中，那么战争一旦爆发，双方的舰队在转瞬之间就
会灰飞烟灭。随后的一天天都在沉寂中度过，还是一如往
常，只能看到岸上士兵们在加强防御工事，（除了罗星塔
外）随处可见旗帜和飘带，足够为前线输送一个战地师的兵

力。从附近省份赶来的勇士们据说驻扎在不同的山后面，如果这是真的，那么他们伪装得也真是看不出任何痕迹。中法舰队严阵以待，各自的军舰都在对方的火力范围内，战斗一触即发。

8月15日，法国的轻巡洋舰"费勒斯"号（*Villars*）从南方驶来。第二天就是中国皇帝的生日，闽江里的所有船只，包括法军的船舰都把国旗升到桅顶来纪念这个日子。下午，"费勒斯"号（*Villars*）驶离而"德斯丹"号（*D'Estaing*）巡洋舰驶入。第二天英国舰队的"警戒"号（*Vigilant*）驶入并且接纳了海军中将道威尔（Dowell）以及他的旗帜。白天，大型巡洋舰"杜瓦"号（*Duguay Trouin*）离开港口，在24小时内同费勒斯号一同返回，与正在出港的"林克"号在闽安擦肩而过，"林克"号在21日早晨才返回到它的泊点。毫无疑问，这些船只在要塞下活动频繁就是为了准备物资。在这期间，"吴淞"号汽船也到达并停靠在靠近商船的位置。

8月20日，一个貌似真实的谣言在我们中间流传开来——决战日就要来临了，在天黑之前，战斗要么结束要么正酣。也许这一切都早有安排，如果这是真实的话，那就没有更好的提议，也没有更强大的力量能够干预了。清晨突然刮起了一阵风，很快就变得像台风一样肆虐。狂风呼啸，就像水手长的烟枪里发出的尖叫声，暴雨铺天盖地浇下来，把值班的士兵淋了个透。一整天，暴风雨越来越猛烈，因此，英国舰队把上层的帆桁和上桅帆都降了下来。漂泊的小船都躲到了各个港口里面避风，没有一只敢在愤怒的河流中间冒险。第二天的早晨，暴风雨依然没有减弱，所有船只的桅杆和帆桁都放得很低，狂风呼啸，暴雨拍打，江水翻滚着黄色的巨浪，如海浪般向船舰们挑衅着。我可怜那些在这么大的风浪里拼搏的家伙们。

　　然而和暴风雨相伴的还有我们的朋友——谣言。它每天都会跑遍船只的每个角落。"战斗会在今天 3 点退潮的时候开始。"——这是最权威的消息——哦！最大的权威！难道所有的新闻都需要权威吗？这个最大的权威已经让我们多次失望，以至于一个改变反倒可能是真实的。事实就像一个完全陌生的人，当它来造访时，我们无法预知结果好坏，也不知如何迎接它。

3 点钟的时候，舰队的行动似乎证实了早晨的谣言。海关大楼附近的中方船只已经起锚并在港口里巡逻，有时候已经非常靠近法军的船只。其中的一艘甚至差点撞上"杜瓦"号的船首斜桁。"杜瓦"号和"德斯丹"号徘徊着，警惕着随时可能发生的任何事情，除此之外，其余的法国船只都待在原地，貌似毫不在意中方的活动。我们当时相信这是中方在故意试探法军是否阻止他们驶出港口，看到法军的船只准备阻止这样的试探性活动，他们就驶回了自己的停泊处，一切又平静下来。

8 月 22 号，天气有所好转。大雨依然磅礴，但狂风已经温和下来。上午 9 点多 10 点左右，英美的战船都放下了小船，满载着装备齐全的士兵们，有格特林机枪、榴弹炮、滑膛炮、手枪、利剑等，并且弹药充足。他们被派去平定福州，英国船只是为了加强英国舰队"梅林"号的实力，美国船只则是为了美国的"莫纳卡尼"号。这看起来很正常，但是当士兵们在雨雾中匆匆离去之后，甲板上的人们开始议论纷纷。运输船"索恩"号也在早晨离开了。这一天依旧风平浪静。平底船和舢板在自己的水域巡逻，周围的一切都没有改变。下午，我们的买办上船来商讨一个一劳永逸的解决办法。"法国人明天真的要开战了。"是的，这句话他已经对我们说过很多次了，但这次他坚决要求付给他钱款，他深信明天就太迟了。他希望明天战斗开始的时候自己能待在内陆。于是，账目一结清，他就赶到安全的地方去了。从所有人的安排能够看出，人们已经越来越坚信局面会变得更加严峻，我们也不会再只是处于紧张的期盼之中而不采取任何实质性的活动。阴郁的黑夜降临了，仿佛是第二天的一个前奏。除了偶尔经过的小船的船桨发出的"嘎嘎"声和溅水的声音，我们什么也听不到。整个港湾被黑暗笼罩着，只有汽艇和小船上的指示灯光隐隐浮现，让黑暗的氛围得到一丝缓解。大约8点钟的时候，法国中队四处闪动的电灯和磷钙救生浮灯照亮了整个港口。一切都是平静的，除了在死寂的岸上像海狸般辛苦工作的中国人。尤其是在靠近江岸线的罗星塔附近的堡垒里，我们会看到人群从堡垒一直到山的背后连成一条望不到尽头的长链。他们在搬什么我们看不出来，但是那片黑影倒是非常撩人兴致，大量灯光射向那里，这种情况是很少见的，瞥一眼江上或者岸上的其他东西都会让人生疑。

灯光在舞动着，照耀在日出之前就要被摧毁的房屋上；照耀在那些即将被炸得肢体破碎的战士身上，他们男子汉的外貌将不复存在；照耀在那些即将在海上被击穿、摧毁和沉入水底的船只上，它们为了征服这片水域而战；照耀在那些即将被陌生的工具来犁耕的山上，即便是播种，这里的土地依然坚硬贫瘠。

午夜，一切都沉寂下来。勇敢强壮的战士们在战舰上沉沉睡去，他们知道自己必须去冲锋陷阵，但这是为了谁的荣誉，为了怎样的事业和信念，他们心中茫然。什么样的画卷会飘过这些亚洲小伙子们的睡梦，谁能说得清呢？也许是在他们简陋的房子里，有珍爱的妻子，有牙牙学语的孩子。下一代是未来的希望，毫无疑问，他们也是凡人，也疼爱自己的骨肉。在某幅熟悉的画面里他的妻子正柔情蜜意地对着他微笑，而明天这种微笑就会转变为悲伤的哭泣和痛苦的泪水。安睡吧，勇士们！明天你们会醒来，要面对死亡的痛苦和折磨，然后坠入长眠。当你再次醒来见到你的敌人的时候，已经在另一个世界，那里没有敌我的战斗，没有意见的分歧，只有审判。

第三章　马尾之战

8 月 23 日，周六的黎明预示了这一天会充满无法比拟的美好和不可言喻的寂静。万里无云，太阳从群山背后升了起来，在巍峨的山顶上射出金色的光芒，整个大自然都披上它耀眼的光辉。阳光静静地照耀在闽江翻动的水浪上，很快闽江上就会传来许多令人战栗的消息。在黑夜来临之前，它将默默见证中国舰队被彻底摧毁。清晨，领事、外国居民、各种战舰和非作战船只都收到了来自孤拔将军的官方通告，说是当天中午要向中国舰队开火，并炸毁他们的堡垒和岸上的政府财产。上午，法军的舰船都在为即将到来的生死之战做着最后的准备，但中方看上去对眼前的危险毫无察觉，依然没有任何的活动。强烈的日光从无云的天空垂直照射下来，空气沉闷得没有一丝风，午前进攻的号令迟迟没有发出，让我们这些将要看到这场悲剧上演的人毛骨悚然。这对于那些持枪暴晒在阳光下的战士又意味着什么呢？他们早已经摩拳擦掌，急不可待地盼望着能疯狂地冲向敌人，在枪林弹雨中怒吼宣泄。上午过得非常缓慢，从 11 点到正午是到目前为止最漫长的一个小时。据说时间对一个被宣判死刑的人来说过得非常快，但时间真的很慢，它前行的车轮似乎被某种神秘的力量阻止，不能前进，每一分钟都似一个小时，而对于等待发出能给他人带来死亡的信号的观众来说，几个小时简直就变成了几天。离预定时间还有几分钟，整个港口都被死寂笼罩着，远处的船只和中国船厂里发出的微弱的声音也被听得一清二楚。所有人都屏住呼吸，全神贯注盯住河流上游的炮舰"林克"号，它变成了整个舰队的中心和所有目光的焦点。

　　八下钟声在商船上、在英国的战舰上、在汽船上、在河流上游的帆船上，在中国的战舰上同时响起，丧钟的响声持续不断。最终灾难的预言声从"林克"号的钟声里传出来。没有枪声响起，也没有火焰，更没有大团的烟雾或更快的报告宣告毁灭的开始。舒缓的叹息声像清风吹过河流一般。进攻暂时延缓——如此简单，可怜的预言家们！这个推迟行动让人们都摸不着头脑。

　　1点52分的时候一艘大型战舰出现在了河流上。它一出现在我们的视线中，亮出它的名字——"凯旋"号（Triomphante）和国籍，我们就凭直觉感到它是来执行某项特殊任务的，而这正是法军一直期待的。旗舰出现了，数字迅速变换着，信号发了出来。闪动的火焰、沸腾的烟雾、从"林克"号上的主桅楼上的机关枪里发出的预示性的信号一起把死亡和毁灭抛到了草霞洲（the Flowery Land）上（时间是下午1∶56∶13）。很快中方"振威"号就发起了反击，它停泊在近海岸，和海关大楼并列，同时也与"德斯丹"号的船体持平。反击如此迅速，几乎就在我们收到报告的那一刻。顷刻间烟火从每个钢铁之口喷射出来。战斗中的船只被浓重的烟雾包围着，从河流上传来的报告让人有一种不可名状的恐惧感，炮声在山里回荡，山脚都一起摇晃起来。信号弹发出后的第27秒钟（下午1∶56∶40），巨大的爆炸声在船厂方向响起。烟雾散去，我们看到中国的旗舰"扬武"号已经被敌方的鱼雷艇炸毁了。这艘鱼雷艇在一个预先约定的信号的指挥下驶离"沃尔特"号的掩护，在"扬武"号发出的炮火硝烟中迅速地横冲过去，把毁灭装置放在了这艘命运不济的船的尾部。鱼雷艇完成了它的使命，瞬间就把这艘中国最庞大、最威风的船只摧毁了。

双方的火力都很猛烈。岸上的防御，尤其是磨心岛上的水力发电储能系统，工作得非常出色，它抵御住了法国船只右侧的进攻。同时海关大楼前面和上方的 4 艘中国战船在左侧吸引了"德斯丹"号、"杜瓦"号和"费勒斯"号的注意力。"沃尔特"号在"蝮蛇"号、"阿斯匹克"号和"林克"号的协同下，抵达河流上游，向对方开火并开始炸毁船厂和兵工厂。一看到敌人包围了这里，想到随之而来的屠杀和毁灭，"伏波"号上的中国船员吓得拿起船上的东西，匆忙把船驶向岸边，迅速地四散逃跑到山里避难去了。

同时最悲壮的惨剧就要上演了。豪华庄重的"凯旋"号缓慢地向上游行驶着。甲板上没有任何声音，士兵们守在营房里，急切地想把炮弹扔到敌人的船只上来宣告他们的到来。在距事发地点 1 英里多一点的地方，"凯旋"号几乎和"企业"号比肩而立，船员们清楚地听到了"凯旋"号船长在船桥上下令整理和装载舰艏炮。没有杂乱的声音，没有混乱的局面，命令完成得井然有序。枪炮瞄准、发射。炮弹飞速地奔向磨心岛上位于高处的防御工事。这使得那些中国士兵不得不留意敌人在后方发动的进攻。"凯旋"号上又传来了进攻的号令，炮弹再次被装膛、发射，但这一次结果不同了——炮弹击中了"振威"号的船尾，扫过它的甲板，从它的船头斜桅冒了出来，貌似要把这艘不幸的船只整个抛出水面。"振威"号船体被这个巨大的炮弹搞得猛地震荡了一下，它预示着在中国海军的历史上又要写下一件最羞辱的事件了。胆小的船员都扔下枪炮，跳进小船，降低船位，驶离战船了；那些没有能够抢到船上位子的船员就跳进水里，争先恐后地向江边游去；只有船长、中尉和几个忠实的部下依然在船上向敌人开火。据说值得载入史册的是，他们还抽空向船舷一侧卑怯逃生中的救生船开了火并且击沉了其中两艘满载没有血性的懦夫的小船。激战了一阵子，勇敢的船长带着所有剩余的部下，驾驶着就要沉没的船只奋力地冲向最近的敌舰"德斯丹"号，想要同归于尽。他的爱国激情使他毫不在乎牺牲自己的生命，正是他的这种精神让无数的敌人被派遣到了这个国家参战。然而他的努力没有成功，"费勒斯"号的舷炮齐射已经让"振威"号变得遍体鳞伤，它的沉没只是早晚的问题。前面的炮击也同时开始了，留在甲板上的小弹药堆爆炸了，爆炸声迅速响起。船长在抵抗时表现出与众不同的勇敢和高贵，直到最后一刻，他手中还紧握着一支装满膛的火枪；当千疮百孔的船体开始倾斜，并发出最后的哀号的时候，他拔起拉绳，在"嘶嘶"的仇恨声中表达着对不幸的"振威"号最后的告别。上面发生的片段在全世界最古老的海军历史里也是史无前例的——一边是懦弱的胆小鬼，一边是勇气过人的超人。

　　这位指挥官无比英勇的行为同另外两位指挥官形成了鲜明的对比：其中的一个在第一波舷炮齐射后就离开了他的战舰，他的船员也点燃了船只，跟随他一起逃跑了；另外一个坚持战斗了 15 分钟，直到船头起火，他就离开了自己的岗位，放下自己的小船逃到了岸上，船员们也立即赋予了自己自由逃生的权利，他们因为得到可以逃到岸上的默许而庆幸，他们不像他们的指挥官那样堂皇地登上小船，而是直接跳到了水里游向江岸，他们的船只在炮火中沉没、爆炸，瞬间灰飞烟灭。许多胆小鬼也为自己的懦弱付出了死亡的代价。我们希望对于那些逃离敌人的炮火或淹没在江水里的懦夫，能有人把他们的"事迹"公布于众，希望他们能够得到应有的全世界的谴责，让他们的子孙后代感到永久的耻辱。

"凯旋"号继续缓慢而威严地向前开进。士兵们都围在甲板上，不带丝毫匆忙混乱的迹象，他们只是等待着，渴望几分钟后投入一场常规的战斗。没有一丝风，烟雾浓重，江边的观察者连最密集的活动也捕捉不到，30分钟后一场恐怖的战斗就要开始了。

2点8分的时候，一艘小型中国炮船从船厂方向驶来，出现在罗星塔的附近。35吨重的火炮立即向巨舰"杜瓦"号开火了。炮弹迷失了自己的轨迹，在远处的群山中轰地炸开了。作为回应，敌舰上的所有火力都对准了他们弱小但胆大的对手的船只。齐射的巨大震动如此之大，以至于阻挡住了这艘中国炮船的前进，它好像要撤退了。它漂浮在水面上整整两分钟，无助地变成了敌人无情炮火的目标。一发炮弹飞进了它的弹药库并引爆了，一声巨响，炮舰在汽艇"格兰菲拉斯"号面前一头扎进了闽江水中，整个船体也跟着消失在

闽江里。2 点 25 分，中国人埋在船厂的船坞下面的水雷被法
国战舰炸毁了。20 分钟后，一艘中国战船从烟火中出现，船
体燃烧着，火苗到处飞舞，最后沉入距离海关大楼两英里远
的江里。另外一艘战船在几分钟后出现，船上也起了火，但
搁浅在了平川岛上，火苗向下烧去。两个小时后，火烧到了
弹药库，船只被炸成了无数碎片。3 点 30 分，另一艘船从后
桅起的半个船体都起了火，它随风慢慢地漂着，经过"塔库
号"时，试图殃及后者，但后者在失去一个锚的情况下硬生
生地躲开了。这艘船和其他停在水面上的船只一样，最终被
自己弹药库里点燃的炸药炸毁。高温烈焰中，我们看到了几
个当地人紧紧地抓着船尾下面的舵杆，其中一个人伤势严
重，他的大腿几乎断了。美英汽艇为这些苦难的人提供一切
尽可能的帮助，但是很多人在被打捞起来之前就已经溺
亡了。

　　4 点的时候，火力已经不那么迅猛激烈了，但法军依然
在对岸上进行着缓慢的常规炮轰，以此来压制岸上微弱的反
抗。就在这时，那些满载着类似火药、煤油和硫黄的易燃易
爆物的小船开始顺水流漂下来，其中的一艘被"欣狂浪"号

（*sin Kolga*）帆船的缆绳绊住了，但很快被汽艇拉走了，没有造成任何的损坏。6 点的时候，装备机枪的法国军舰，向停留在磨心岛和大陆之间的港口里的中国船只发动了迅猛的进攻。没有参加这一阶段炮轰的战舰负责摧毁从上游三三两两漂流下来的起火的中国船只。7 点 30 分的时候，一艘中国的炮舰燃烧着出现在了罗星塔附近，法军立即把火力集中在了这艘危险的大船上，想一举击沉它，但是炮弹只是引起船上更大的火花和火舌，它本身已经在沉没，并且在面向"格兰菲拉斯"号船头的位置折为两半。

法军的 45 号鱼雷艇悄悄地离开激烈的战斗，穿过浓密的烟雾，向美国的"企业"号驶来，在正对港口的方向，在"企业"号的右舷处停了下来。站在"企业"号顶上和索具上的船员正在观看上游的悲壮的场面，现在他们转过头来一睹这艘相对于驱逐舰来说像灰色的小虫子一样的船只停在旁边，他们不得不惊叹这么小的一个东西在装备了可怕的鱼雷后竟能完全摧毁深水中的庞然大物。这些现役的巨大船只，就像一座座漂浮的城市，比古希腊的巨船能容纳更多的船员，但此时却只能任由小小的鱼雷艇摆布。

很明显这艘艇已经经历过了最密集的战斗，8 名船员都
赤裸着上身，从头到脚都溅满了鲜血。其中一个人左胳膊上
的绷带一直打到了超过肘部的地方，指挥官也不见了，我简
直无法描述这些人的外表。黑皮肤，黑胡须，鲜血遍身，心
力交瘁，就像刚为无所不能的主神打造完神箭；在江底深
处，带着失望和愤怒，气喘吁吁，就像被它的猎物戏耍了一
般；豪气冲天，就像被谴责的人直接冲向地狱的深渊；外表
上超越自然，力量上超越常人；一个最微小的暗示，残废的
指挥官最微弱的一个手势，都会让蓄势待发的他们一头冲向
炮火，死亡和永生。在这些被选中的志愿者当中，一个孩子
仅仅 18 岁。"企业"号上的汽艇在救助着双方受伤的和溺水
的士兵，看到鱼雷艇明显遇到了麻烦，"企业"号上带头的
官员就驾着汽艇靠了上来并且询问哪儿出了问题。水手长说
着一口流利的英语，他说他们的指挥官已经受了重伤，正躺
在驾驶室里面，接着他就去细心地照料甲板上的病号了。指
挥官脸色苍白，浑身是血，眼睛蒙着绷带，这就是他们的英
雄，就是他摧毁了敌人最大的船只。"企业"号上的药剂师
给他做了检查和包扎并尽可能地缓解了他的伤痛。药剂师建

议把两个人都抬到"企业"号上面去，但是这位指挥官礼貌
地拒绝了他的请求，他说自己不能离开指挥位置，受伤的水
手的言辞更加坚定，他告诉充当翻译的水手长，只要船长或
船只还在，他就永远不会抛弃他的船长和船只。荣誉的能量
是温柔而强大的，它总是让人们如此着迷，以至于他们宁肯
牺牲自己的生命和一切来争取"炮口下虚有的声望"。

　　自战斗开始到结束之后，汽艇都一直忙碌着救助从上游
漂流下来的中国人。他们七八个人一起，紧紧地抓着桅杆和
船筏的碎片，水面上满是残骸。"扬武"号上一条体形庞大
的黑狗混杂在从上游漂下来的遇难者当中，它正在勇敢地，
费尽全力地向江边游动着。还有一只公鸡，站在一段圆木
上，那绝对是一只你能想象到的最沮丧、最绝望和最令人生
厌的落汤鸡。

第四章　随后的日子

　　水面上的炮轰已经停止了，江岸上的火力也明显减弱了，从船坞和兵工厂方向传来了连续不断的可怕爆炸声。很快，火光照亮了天空，发出令人眩目的可怕强光，照亮方圆几千米的范围。无数巨大的响声在很远的地方都能听到，船上和岸上好奇的人们警觉起来，他们在猜想这些爆炸是怎么引发的。兵工厂和附近村落的火光让午夜变得亮如白昼，此时，一艘中国的炮舰正在大火中沉入水底，船上的爆炸使火花溅满了很宽的水面，同时也把闽江变成了火焰的天堂。

　　那些胜利者始终都很警惕，一整晚都时不时地射几枪，这种状况一直持续到 24 日凌晨 4 点，就在那时，他们的强探照灯发现了某种可疑的迹象，于是，他们又用机枪朝着磨心岛猛烈开了阵火，并派出汽艇进行侦察。周天破晓时，我们眼前出现了一片悲凉的景象。前一天那些表现英勇的船只不再漂浮在闽江平静的怀抱里了。画着神龙图案的黄色旗子再也不能在风中招展了。摧毁和灭亡，成为人类的力量和不堪一击的墓志铭，此时此刻，在这个宁静的安息日之晨，正向我们诉说着中国舰队的消亡。快8点的时候，一些着火的舢板沿着闽江漂流而下，10点35分时，"沃尔特"号、"阿斯匹克"号和"林克"号沿江朝着码头驶去。就在激烈的战斗发生之后不久，一群全副武装的人乘着"特鲁安"号，被运送到海关大楼上方的一个浅湾入口处。

在下午的早些时候，那些法国人为前一天战死的同胞举行了最后一次哀悼仪式，那些逝者曾经为了他们深爱的三色旗而奋战，那三色旗无论是在陆战还是海战中都是那么经常地高高飘扬在血腥和杀戮的战场。当那些英勇的爱国者被埋葬时，港口里所有的船只都降了半旗，这些人就被埋在了遥远的异国的土地上，远离了他们所热爱的祖国那阳光灿烂、爬满葡萄藤的小山坡。7座匆匆垒起的小小土堆，是许多法国水手的最后长眠之地，他们都是这世界上必不可少的一个东西——战争的牺牲品。整个下午，码头中的3艘战船一直都在不紧不慢有规律地开着火，在炮弹降落的方向发生了 5 次大规模猛烈的爆炸。此时，沿着闽江，从法国人的枪声中，很容易听出战斗的猛烈程度。"加里索尼"号轰炸着位置较低的要塞。接近 6 点时，战斗停止了，法国船只回到了它们原先的锚地。夜神很快就降临了，张开它暗沉的翅膀，将现在平静下来的一切卷到一片深沉的黑暗中，只有下午战斗留下来的余烬偶尔还可怕地闪烁一下，照亮夜空。时间似乎走得很慢，除了远处传来的钟声和值班的哨兵之间的相互致敬声，整个港口就像是逝者的安息之地，那么平和，那么宁静，胜利者对他们的完胜如此有把握，以至于都不再用探照灯保持惯常的警戒。

在星期天下午的战斗中，一发失效的炮弹落到山上，它本来是法军对准船厂的，可现在从"企业"号的主船体和后桅间呼啸而过，又贴着水面飞了大约 100 码。一小撮人正聚集船尾谈论着什么，突然把头缩了回去，迅速地吸了一口冷气，然后就神情激动，开口大骂。大家对这发突如其来的炮弹议论纷纷，指挥官下达了命令让大家各归其位。像一位高深的学者那样，用科学的词汇来讲述横空飞来的炮弹对大家的心理造成的冲击，显然是不合实际的；同样，在经历了这样的事件后，再对宁可死也不要空虚地活这样一个无可争议的事进行道德说教，也是不合时宜的。

星期一，25日，从清晨开始，法军就对海关大楼发动了漫长而又猛烈的炮轰。7点的时候，大批先遣部队在舰队的火力掩护下，在磨心岛上的罗星塔脚下登陆。他们紧接着摧毁了路基土石方和敌人剩余的堡垒，并且在大约11点的时候返回到他们的船上。

在12点半的时候，孤拔将军访问了停在港口里的外国战舰。十分钟以后，法国舰队启航驶向河流下游，孤拔将军在美国"企业"号和庞大的"杜瓦"号擦肩而过时返回了自己的"杜瓦"号船。这可能是我们最后一次看到这些人在一起了，所以我们都目送他们经过。

首先是豪华庄严的"凯旋"号，王者之舰。它拥有不为人知的能量，它曾经无数次摧毁敌人，战功显赫。勇敢的战士啊，继续前进吧，为了荣誉而战，愿战神与你们同在。"杜瓦"号，同类中的庞然大物，你和你保护下的驱逐舰实际上已经变得臭名昭著。"沃尔特"号，你做得非常好，你前桅顶上的飘扬的战旗引导大家冲锋陷阵，并取得了最后的胜利，你曾经承载着策划和指导周六这场战争胜利的领袖，这样的荣誉只有你拥有。"德斯丹"号，在外形上和"沃尔特"号相近，在战斗时表现暴力，在和平时展现友善，新的荣耀等待着你，黄皮肤将会自此感受你牙齿的尖利。"蝮蛇"号和"阿斯匹克"号，名字起得好，像蛇一样滑向敌人，让敌人知道你的厉害！"费勒斯"号，在和平时期经常出现，台湾熟悉你的存在，福州也对你有所耳闻，继续前进吧，让更多的桂冠加冕于你吧。"林克"号，没有比你更配得上这个响亮的名字的了，你的功绩和名字一样伟大，悄悄地潜行，偷偷地钻进迷雾，在敌人还没有警觉起来之前，你灵活的身躯已经坚定不移地冲向了敌人；炮火从你的口中喷出，你宣判了成千上万人的死亡！"杜瓦"号和"德斯丹"号边上还拖着两艘鱼雷艇。整个舰队停在江面上有大约 3 英里长。

下午，从河口方向多次传来了炮击声，驻扎在那儿的法国船只封锁住了通路。舰队在下游遭遇到了一艘中国造的船只，上面飘着德国国旗，正在驶向罗星塔附近的停泊点。这艘船装满了给中国政府的弹药和武器，上午在友军的掩护下，已经从汕头（Swatow）往磨心岛方向的川石岛（Sharp Peak）运送了 700 名士兵。

5 点的时候，法军舰队在大屿岛（Spiteful Island）定了锚，并且开始对河口的闽安要塞发动不定期的炮击。中方的枪支增加了，但他们却不能进行回击，因为他们被关在坚固的石头堡垒里，他们只接受过沿江射击的训练。这样的防御能够轻松地保证来自两边的，或者后方的，或者从固定火力点以外的任何一个点发起攻击的零伤亡。

半个小时以后，一个机枪分队在"林克"号的掩护下在江流的左岸登陆，在江上停留了一个小时之后，小分队就返回了。除了偶尔的枪声以外，法军停止了进攻。黑夜再一次拯救了他们，它慈祥地拥抱着这个"鲜花盛开的帝国"里受到过度惊吓，被打得四散分离的孩子们。

趁法国人还在休息的时机，我们开始计算自上周六开战以来法军和中国军队伤亡的人数，从"扬武"号上发出来的第一颗炮弹击中了从上海驶来的"瓦尔达"号的舵手，托马斯船长，并很快结束了他的生命。随后，它在右舷高出吃水线 3 英寸的地方中弹了，炮弹穿过船体，船台上的 6 名火药搬运工立即毙命，一名舵手也紧跟着死去了。"杜瓦"号和"费勒斯"号也被分别击中了，但是船体只是外部轻微损坏，没有一个船员丧生，最多也就几个受伤罢了。

也许只有在登陆作战的周日和周一，尤其是第一天才有很多人受了重伤，还有一些士兵死去，当时火力非常猛烈，中国人坚守了阵地好一段时间。

从收集到的所有信息来看，法军死亡了 12 人，而他们金钱上的损失也是象征性的。中方的损失大相径庭，他们的伤亡人数达到了将近 3000，金额上达到了 1500 万美元。在"扬武"号爆炸的时候，船上有 270 人，据说只有包括船长、参谋长和中尉在内的 15 人被营救了出来。这几乎是不可能的，因为当时爆炸威力非常巨大，人们在马尾的一个小镇的屋顶上发现了残碎的肢体，他们被确认出当时就在爆炸的旗舰上，而这座房屋距离"扬武"号沉没的地方已经有将近一英里了。

如果鱼雷爆发出来的力量如此之大，那么生还的只可能是幸运的几个人——大约有 6 个，他们清楚自己的危险处境，跳入水中，在水中奋力游动，并侥幸地逃过了如冰雹般砸在水中并在水面上乱舞的机关枪子弹。另外一艘替补船也不幸运，"振威"号上的船员有 100 多一点，其中有很多人逃走了，但有超过一半被困在了敌人的密集火力之下，"费勒斯"号给他们做了最后的总结性炮射，英勇的指挥官和他的副官都阵亡了。一艘装载了 150 人的帆船被炸成了碎片。两艘炮舰，每艘上面有三四十人，还没来得及逃跑，船就被击沉了。他们当中的大部分人与其他更多阵亡的将士被一起归结为"大多数人"。

　　就像我们见到的那样，"伏波"号上船员的成功逃生很好地例证了这句格言——"谨慎即大勇"。其他 5 艘帆船，每艘船上有 100 到 140 人，和 13 艘平底船，每艘船士兵不少于40 人，在彻底溃败之前他们也是在浴血奋战的。如果把岸上和船厂的伤亡人数也计算在内，那么被征服一方的伤亡人数就不只是上面的 3000 人了，当地政府承认他们的力量损失过半。再考虑到中国人有时会虚报数字，以免对政府不利，所以我认为我估计的数目肯定是小于而不会大于丧生的人数。

　　在这场战斗后的一段日子里，死尸开始腐烂，许多尸体变得残缺不全、扭曲、无法辨认，在河流上漂了厚厚的一层，随着进出的浪潮忽上忽下地浮动，臭气难以入鼻。现在我们简短地回顾一下周六开始的战斗结束之后中方还剩余下哪些东西，并以此来结束本章。

从福州的居民区顺流而下，我们看不到任何损毁的迹象，在通向泊锚处的半路上，我们发现了"伏波"号，它的背部已经损坏了，在战斗中被它的船员带到这里并被抛弃掉。中国政府要花很大的力气把它到弄到岸上进行修理。当时被抛弃的时候，它的头朝向下游，但是自那以后的风浪改变了它的位置，所以它现在的位置和对岸的小塔形成一定的角度。在这座塔下面驻扎了很多部队。在弃船的地方，中方用石头建起了关卡，关卡的上面铺了很多圆木一类的东西。从河岸两边到中间，都是装满了石头和沙袋的沉船，它们和关卡一起拦住了过往的船只。在水面上能看到的部分都做了伪装，再往下面的部分都完全看不到。一条狭窄的水道只能容纳一艘小船或汽艇，它阻断了福州和船舶停泊点的交通。在这些防御的下面，军营的旁边，士兵们忙着建筑一个新的防御工事。从这里一直到船厂，除了部分炮弹（主要是机关枪子弹）击中了一些村子以外，我们看不到毁坏的痕迹。到了船厂，你想象不出这里曾经历了一场恶战。矿井和船厂周围的墙都分别坍塌了一段墙，这是我们唯一能见到的战斗过的痕迹，但登陆之后又是另外一番景象了，你会看到，实际上，到处都弹痕累累。煤矿比较完好，除了上面已经损坏了，毫无疑问，法军的重型炮弹的威力是加强的，但我们只能见到小炮弹偶尔擦过留下的形状。机器铺子被彻底打穿了，高高的烟囱标志着它们曾经的位置，这也是舵手们在江上航行时的航标，它们经历了周六晚上和周日上午战火的洗礼并最终在下午倒下了。机器已经扭曲变形，可能再也不能正常运转了。锅炉房的状况也是如此。发动机房和水泵房没有被大型炮弹击中，但机关枪击中了它们，并且严重地破坏了它们内部的结构。船厂的前面是大量的残骸。

　　我们的读者可能还记得这里原来有两艘正在建造的船只，其中快要完成的一艘已经被彻底毁坏了，另一艘却完好无损；至于那两艘已经造好的船只，其中一艘只是桅杆遭受了轻微炮轰，另一艘船吃水线以上的部分基本都烧掉了。江岸上散落着橡、桅杆和被摧毁的平底船的无数碎片，船体的大部分则顺着河流向下游漂去。

罗星塔附近的景象说明激烈的战斗曾在这里发生过，这也是很自然的事情，因为法军在这里用了更重型的武器。被击碎的帆船在靠近河岸的地方纵横交错，胡乱堆放，在这些废墟当中，一艘炮舰的烟囱指向天空。这艘船上的大火明显烧到了它的燃料舱，在战斗结束之后它持续燃烧了 12 天，在船尾还留着一个大约 60 磅重的火炮。"扬武"号的船体还依稀可见，爆炸带来的损坏比看到爆炸的人所想象的损坏程度要轻。

岛上很多房屋都被打穿了——主要是机关炮造成的。正对河流的一面没有受太大创伤，但是另一面，包括防御工事在内，就像拿着镐和铁棍的工人在这里工作过一般。工事低处有 7 个牢固的石柱，现在只剩下了 3 个，其他的都被夷为平地。这里的工事很好地说明了法军炮弹发射是多么精准。在这几个圆柱当中，有一个是为舵手们提供的潮汐尺，尽管距离两边的柱子都分别不到 5 英尺，但其他两个柱子都被夷为平地，它却完好无损。小山高处的防御工事已经被炮轰得难以辨认。法国人离开之后，每座炮楼上还留着两门炮，后来尽管法军周一早晨的登陆行动可能打扰了中方的计划，但他们还是在仓促中把枪炮都取走了。从罗星塔下来，直接对着海关大楼的方向，一艘炮舰曾在这里被击沉，现在我们看不到它的任何影子了。

海关大楼的屋顶被一发大的炮弹击穿了，正对着江流，面向江的墙上也留下了很多炮弹的痕迹。周围除了山上多了数不清的炮弹坑以外，其他都还算完好。

在正下方，英勇的"振威"号上的桅杆在水面上漂浮了好多天，现在都已经消失了。再往下游走好长一段距离我们会看到一艘帆船的船尾和后桅。抢劫者们在打捞有价值的东西，他们甚至连烧焦的裹尸布都不放过。平川岛上停放着另外一艘中国船只的船壳。岛的另一边的村庄曾经遭受过炮弹的袭击，但没有造成什么伤害。

战斗后的好多天里，江岸上和岛上遍布木头、桅杆、藤编用品、平底船上的木头扣眼、草帽、草垫、矛……实际上这些东西在中国的战船里都能找得到。

第五章　闽安和马尾

在跟踪顺流而下的法国舰队的动向之前，我们试图用尽可能多的画面来描述"加里索尼"号与马尾的要塞交火的场面，这场战斗发生在周日的下午，此时炮舰"沃尔特"号、"蝮蛇"号、"阿斯匹克"号和"林克"号正在炮轰马尾的要塞和兵工厂。

作为驻扎在中国的最大的法国装甲舰之一，在我提到的这件事之前，"加里索尼"号一直停泊在距离外沙坝很近的地方。在甲板上搭起来的遮阳篷下面，神圣的仪式在令人生畏的发动机和弹药旁举行，强壮的水手脱帽鞠躬，随军教士对战神虔诚地表达了谢意，感谢他们的将士们在前些天取得的胜利，并把神的恩赐加在即将参加战斗的船舰和全体船员身上。很快，这艘巨舰在下游出现了，并且在逐步地靠近马尾水道。

　　在要塞里面，战士们都做好了准备，持枪以待，决心给这些猖狂的入侵者一份丰厚的大礼。慢慢地，巨舰靠近了。舰桥和甲板上的 300 双眼睛都在搜寻着整座小山，急切地关注着敌人最轻微的攻击的迹象。这艘巨轮，行驶到距离马尾还有大约两英里半之处，似乎根本无视那些隐藏着的碉堡，舷侧摆满了子弹上膛的枪炮，赫然出现在敌人的眼前。

　　5 分钟的暂停之后，从碉堡里喷出了长长的火舌，伴随着浓烈的烟雾和大声的报告。炮火不着边际地散开来。紧接着又有两发炮弹发射出来，同样没有命中。有几发炮弹连射出来，这艘巨轮就像一只被激怒得失去了耐心的巨大的怪物，向周围喷射出了火焰，雨点般的炮弹降落在了碉堡的周围。战斗就这样持续了一段时间，碉堡的炮弹落在了船舰的四周，而船舰的回应也冰雹一般地砸在碉堡周围。最终，一发精确的炮弹击中了"加里索尼"号，紧接着另外一发炮弹对舰船下了最终的判决。入侵者很明显对战斗成果很满意，在作战一个小时后，他们掉转身驶向了磨心岛外的停泊处。"加里索尼"号舰长的意图就是尽量地深入，一方面是探明水深和水道，另一方面也是为了彻底弄清对手的火力强度、枪的口径，以及他们瞄准的精度。这样他们就能估量出对手能造成多大的抵抗，以便于带领他的船队强行通过马尾的要塞。

由于这次最强火力敌舰的急速撤退，中方得到了足够的喘息机会来布置他们的防御。第二天运输船"南澳"号（Namoa）的船长不得不登陆去询问为什么他们的船只不被允许通过，要塞的长官告诉他，鱼雷都埋在了水里，希望在法军强行通过时给法国人送一份厚礼。"南澳"号现在驶向了厦门。

周二早晨，法军开始炮轰闽安的碉堡。在攻击者的猛烈炮轰之下，中方只做了微弱的回击，整个防御工事都被攻破了，枪支无声了，并且伴着火棉烧毁了，地面工事被夷为平地，在3个小时的时间里，清军的指挥官们仓促逃走了。据报道，那些中方军队都集中在马尾的高处，一看到己方的碉堡在敌人的炮火之下如此迅速地被攻破，立刻逃跑了，自此以后，他们再也没有在附近出现过。第二天早晨，从闽江边上的山顶上往下看，法军小队慢慢地从下游驶来，组成战斗的阵列。在离开马尾上游不远处的泉头村（Quantao）的时候，"杜瓦"号从舰队里驶出来，并小心翼翼地向河道入口驶去。更加警觉的"杜瓦"号（*Duguay Trouin*）在马尾上方发现了一个小的目标，这引起了它的注意。炮弹轰向了这个防御简陋的中国弹药库。留下来防御的士兵数量很少，他们只做了微弱的象征性的抵抗，很快，枪炮都哑火了。

就像小巧的领航鱼要游在巨大的鲸鱼前面一样，小小的汽船为这巨大的海怪探着路。在小艇上，一个士兵拿着杆子在探测着鱼雷和其他潜在的威胁，巨大的"杜瓦"号在导航员的带领下慢慢地前进。中方开火，炮弹落在了周围但没造成任何伤害。尽管暴露在可怕的火力之下，汽船还是继续它的危险工作。白堡，位于江岸左侧，临近马尾江道的入口，它距海平面有200多英尺，控制着通向大海的水道。一个安全的通道被发现了，瞬间，这个要塞就变成了"杜瓦"号炮弹攻击的目标点。这个要塞的防御，像闽安高地上其他随后被攻陷的城堡一样，由坚固的石块堆成，这里的工事只针对来自江流下游的威胁，后果是无力抵抗任何来自上游的火力。进入河道，"杜瓦"号开始从侧面和后面对白堡发动轮番的攻击，同时，站在顶上的士兵也将暴风雨般的机关枪子弹射向了堡垒四周和里面的不幸的中国士兵。一段时间内，没有任何的反抗出现，但最后，一小队勇士在白堡的上面开始用来复枪对下面的船只进行射击。这种射击是典型的狙击手的行为。公正地说，我们必须承认一些子弹打在了水面上目标的附近，但更多的子弹是射到了山上的土里了，还有很多是射向了夜空。当然，全副武装起来，并且在接到进攻的命令的时候，从听从命令的角度来讲是必须开火，但是不一定要瞄准某个特定的目标。因为这些中国士兵所要瞄准的目标已经完全超出他平时训练的射程了。"杜瓦"号的舰长一直以遭受到微弱的抵抗而自豪，他觉得任何时候只要他想占领这些要塞，它们都唾手可得。他掉转船驶向了上游，回到了舰队的行列中。当"杜瓦"号战斗的时候，另外一艘战舰也对白堡上面的一个大的军营展开了进攻。炮轰刚开始，大火就在营帐里蔓延开来，火势扩散到了整个军营，而且战士的行李和易燃的小屋使火势变得更大。

在周二破晓的时候，"杜瓦"号和"凯旋"号启程驶向前一天下午他们战斗过的地方，猛烈的炮火瞬间从四面抛向了马尾水道两边的堡垒。他们甚至连最轻微的抵抗都没遭遇。法军继续稳定地向两岸的要塞发射炮火，但没收到任何的回应。临近中午，在两艘战舰攻击下，这些堡垒都被夷为平地。现在，战舰在向下游航行，向两岸一切类似堡垒的目标开火。马尾下游的防御被摧毁了。第一发炮弹袭击了一个堡垒，里面的唯一的一个人赶紧逃命了。这样的陈述不足以震撼世界，就像前面所记载的在敌人开火之前就逃跑的情形一样。战舰"林克"号和"沃尔特"号从下游的闽安驶进近海岸，完成了配合它们的大伙伴的任务。当夜幕降临的时候，战火也停止了，夜降临在马尾，它已经不再是前一天晚上那样表面上坚不可摧的中流砥柱了。

据报道，在马尾有 6 万多中国士兵，但他们去哪里了？白天，你会看到一些惊慌失措的士兵到处躲藏，只要有机会，他们都会极力避开他们的敌人。

周五早晨，"凯旋"号和"杜瓦"号上散乱的炮弹继续对已经被遗弃的堡垒进行轰炸，目光尖锐的"林克"号曾经在那儿，不久之后冲了进去，留下了一个可怕的鱼雷的界标。一直到下午 3 点他们才停止了机关枪的射击，所有的船只停止了进攻。平静再一次笼罩了江面。一个半小时之后，"费勒斯"号、"沃尔特"号、"德斯丹"号、"城堡雷诺"号（*Chateau Renaud*）和"林克"号依次离开了闽江。第二天下午，"杜瓦"号、"加里索尼"号、"凯旋"号连同"蝮蛇"号都离开了马尾水域，驶向马祖。

许多人，甚至包括海军和陆军的权威都认为法军在通过闽安、马尾和白堡时会遇到巨大困难。但就像我上面描述的，事实恰恰相反。这些要塞在背部受攻击的时候根本无力抵抗，原因就如我在前面叙述的，那些防守者根本不会用枪。

法军只死伤 4 人，其中一个是海军上尉，死者是"蝮蛇"号舰上海军上校安克莱德的表亲，已故的士兵的遗体都放在这艘船上。这个年轻勇士的遗孀，一个不幸的女人，是伟大的工程师德·雷赛布先生的妹妹。但愿她的丧夫之痛能够轻一些，因为她的丈夫是为了保卫他伟大祖国的荣誉而亡的，这种解释能稍弥补这个巨大的损失。

现在我们乘坐这艘小船向河流下游驶去，沿途看到的都是法军造成的破坏。从大屿岛（Spiteful Island）开始，我们注意到小岛对面的大陆上的较大的村庄依然生机勃勃，法军的炮弹没有损坏到这里的房屋。

左岸的第一个碉堡，在这些小村庄稍下面的位置，看起来情况不是很好，但是已经经历了重建，新鲜的泥土和石块堆在原来的旧址之上。但现在重建工作明显是被放弃了。在一座朝向江边的小山的山顶，有一个比这更大的碉堡。可以看到很多人，一些人在忙碌着，他们正在重修被炮弹打坏的地方。在它的背后，一片更加高峻的山地上，我们能看到一座古代城堡的遗迹。但几个世纪以来，由于城内发生的多次战乱，这些遗迹已经面目全非了。

现在我们登上了一个有防御建筑的小岛，这里的工事已经被破坏了，并且已经荒废了很多年。城垛上明显有枪炮安装的痕迹。一门大炮躺在靠近水边的一块岩石上，要塞里其他几门大炮也清晰可见。处在要塞后面大陆上的村庄已经被严重摧毁了，尤其是地势比较低的一头，由于距离一个非常大的已经失效的水力发电储能系统非常近，损坏更重，部分墙体已经坍塌。闽安水道左侧的村庄和堡垒都受到了法军的炮轰。右岸的村庄并不是轰炸的目标，但是它们显然距离这些要塞太近了。在更低洼的水道入口处有一个长长的水力发电储能系统。这里大部分已经被夷为平地，要塞里的房屋被炸烂了，一切都默默地见证着，就是这个地方，遭受了法军舰队最猛烈的炮火攻击。在堡垒里会看到3支安装好的枪炮，挑衅的旗帜又一次在废墟上张扬地飘扬着。在非常偏僻的角落里，有一门被炮弹打坏的地炮，它的炮眼有最初的5倍之大。在这里没有任何生命和枪炮的迹象。在我们离开的地方，江面变得非常宽。在江的两岸我们看不到任何值得注意的东西，一直要到距离很远的地方才能看到白堡和马尾水道的入口。就在刚到入口的时候我们看到一艘沉船从马尾海战的地方漂下来。还有很多平船半浮半沉地漂在这里，它们是用来阻止敌人返回的。白堡被舍弃了，一根孤独的旗杆顶着不加修饰的旗头。除了坍塌的围墙外，我们在江上见不到任何其他东西。山脚附近的小港湾有一个小村庄。9艘平船，每艘都运载着5门大炮，在不远处停泊着，它们曾在几天前增援这里的兵力。我们看到许多士兵在村子周围下船了，但没有一个在靠近总部的位置下来。在江对面的山上是一个巨大的要塞，红石墙顺着山坡一直延伸到水边的一些较小的防御工事。它们都被摧毁了，高处的枪炮也被炸坏。临近水面的两门古代大炮的炮耳已经被炸短了一截，依然挺立在炮台之上，十分庄严，但早失去了它的威力。中国官员的住所（它们可能也被称作围起来的城堡）在山坡上显得非常耀眼，它们的雄伟气势和围墙上飘动的旗帜都吸引着人们的注意力。这些大厦看上去都逃过了法军的炮弹。

当我们离开马尾水道的时候，在左侧的斜坡上看到了几座刷成白色的堡垒也被摧毁了，但在一个山顶上，一座巨大的沙石堡垒明显没有被破坏，旗帜在墙的中间飘动着，在它的两侧各有一门大炮，一门被安在炮架上，另一门躺在城墙上。这个堡垒附近看不到任何生命的迹象。也还是在左侧，一座小岛在港湾里耸立着，在它的不算险峻的顶峰有一座很大的黄色沙石堡垒，一部分已经被炸飞了，其他部分也不同程度受损。要塞上插满了旗帜，当地人进进出出要塞。在右侧，一个险峻的山顶有一个类似构造的坚固的堡垒。这个堡垒只是受到轻微破坏，从外表看它逃脱了它的很多同伴的悲惨命运，不久以前，从它的控制点向下面突然变宽的闽江看去，不禁会产生一种恐惧感。在另外两条水道中，我们可以分辨出沉没的舷侧有明轮的汽船和水下的平船，我们只能看到它们的桅杆。如果我们穿过这里，巨大的水流从宽阔的水湾冲出去，会把我们冲向大海。没有比身在大海更可怕的事情了。

非常明显，法军摧毁了所有的堡垒。在后面，几处废墟上，人们在从敌人离开时就开始忙碌着恢复原来位置上的枪炮，但这要花费很长的时间、大量的人力和新材料，这样才能使这些要塞恢复到以前的水平或者至少足够坚固。当我们驶向大海的时候，唯一让人有兴趣观看的就是那些停泊在马祖澳（Matsou）隐蔽处的法军船舰。

第六章　回顾、比较和评价

　　我们现在回顾一下 8 月 23 日到 30 日这段时间在福州和附近地区发生的值得纪念的事件。海军中将孤拔收到一封来自巴黎的电报，命令他于 22 日日出时炮轰福州的兵工厂，让法国士兵登陆并摧毁岸上战争物资和商店。正如我们所看到的，由于天气极度恶劣，战争被推迟到 23 日中午，在 1 点 55 分的时候，法军向罗星塔停泊点附近的要塞和船只发起了炮轰。12 分钟后水上的战事可以说就停止了。

　　马尾要塞和兵工厂的反抗使得炮轰延长了 3 个小时。

　　兴奋的一夜就在经历突发的战事和避开着火的船只中很快过去了。周日早上带来了更多的熊熊烈火和流血冲突，这一天的晚上也以屠杀收场。

　　星期一，也就是 24 日，法国人告别了罗星塔，开始对马尾的闽安采取行动，英国领事馆的驻地被抢了。在入海口，强大的"加里索尼"号考验了马尾堡垒的坚固程度。周二，对闽安的令人恐惧的炮轰开始了。马尾倒是一片宁静。而在福州城内，最底层的市民开玩笑说最让人生厌的分子被派去参战，结果连政界要员也没有生还的。因此流传着这样的说法：要不是政界要员作战没有部署，法国人也不会凯旋。这一点对于那些无辜的受害者来说，还真是确定无疑的。

星期三，也就是 27 日，是法军胜利日。白堡和马尾被攻陷了。英国海军将军和美国船长正在各自的汽艇里检查马尾海战的损失，却被在磨心岛上抢掠的人开火击中了。

星期四，28 日，是"杜瓦"号和"凯旋"号摧毁马尾碉堡的重机炮声唤醒的。"企业"号船长和一个当地居民在磨心岛山顶又一次被携带武器的好战的当地人威胁了。

星期五，29 日，马尾营地的交火声渐渐平息下来。"费勒斯"号、"沃尔特"号、"德斯丹"号、"城堡雷诺"号和"林克"号开始启程。在马尾，一片沉寂。在福州，一大群人恐吓着英国领事，他正站在那里大声宣布着他们的权力机关下达的各种命令，其中一道很古怪的是要不惜一切代价得到法国敌人和他们自己那些可怜的战死的勇士的发饰。胆小鬼们都迅速乔装打扮，套上辫子，伪装好，在随从的掩护下，坐着轿子逃到总督衙门里去了。正是由于这些人的狡诈和中国政府的盲目无视才有这场幸运的逃亡。

星期六，30 日，一切都停止了。这对福建人（Fo-Kien）来说是快乐的一天。可怕的敌人已经离开了海岸，他们不会很快甚至永远不会带着愤怒再回来了。带着和平和美好的愿望，他们希望法兰西的三色旗很快就能在闽江升起，一直到茶香云绕的福清的心脏地带。

在罗星塔附近的停泊点和福州，一切都那么平静，商业贸易又回到了以前繁忙的样子。

参与马尾海战的法国舰队

序号	船名	等级	吨位	马力	人数	武器装备	受损情况
1	"凯旋"号	设有炮塔的二级轻巡洋舰，6英寸装甲	4127	2400	410	6 门 9.375 英寸口径后膛来复炮；1 门 7.375 英寸口径后膛来复炮；6 门 5 英寸半口径后膛来复炮	未见受损

续表

序号	船名	等级	吨位	马力	人数	武器装备	受损情况
2	"杜瓦"号	二级复合巡洋舰	3189	3740	300	5 门 7.375 英寸口径后膛来复炮；5 门 5 英寸半口径后膛来复炮	中部和右舷侧的吊床被炮弹击中
3	"费勒斯"号	二级巡洋舰，木质船体	2268	2790	250	15 门 5 英寸半口径后膛来复炮	左舷炮位后三分之一处小受损
4	"德斯丹"号	二级巡洋舰，木质船体	2236	2790	250	15 门 5 英寸半口径后膛来复炮	未见受损
5	"沃尔特"号	二级帆船，木质船体	1300	1000	160	3 门 5 英寸半口径后膛式来复炮；3 门 4 英寸口径后膛式来复炮	右舷中部吃水线稍上处击穿一个洞
6	"林克"号	一级炮艇	452	1000	120	3 门 5 英寸半口径后膛式来复炮；2 门 4 英寸口径后膛式来复炮	未见受损
7	"阿斯匹克"号	炮艇	471	1000	120	2 门 5 英寸半口径后膛式来复炮；2 门 4 英寸口径后膛式来复炮	未见受损

续表

序号	船名	等级	吨位	马力	人数	武器装备	受损情况
8	"蝮蛇"号	炮艇	471	1000	120	2门5英寸半口径后膛式来复炮；2门4英寸口径后膛式来复炮	未见受损

参与马尾海战的中国舰队

序号	船名	等级	吨位	马力	人数	武器装备	受损情况
1	"扬武"号	二级巡洋舰，复合船体	1400	250	270	6门装于舷侧的3吨半重炮口装填式火炮；两门3吨半中炮口装填式火炮，弓箭；前桅后1门6吨重的轴式火炮	被鱼雷击中，着火、爆炸、沉没
2	"伏波"号	三级帆船	1400	150	70	6门装于舷侧的装填量45磅的火炮；1门10英寸口径炮尾装填式可旋转滑膛炮	沿江逃跑，被一发炮弹击中船尾，沉没

续表

序号	船名	等级	吨位	马力	人数	武器装备	受损情况
3	"济安"号	三级帆船	1400	150	150	6门装于舷侧的装填量45磅的火炮；1门4吨重可旋转阿姆斯特朗炮	燃烧沉没
4	"飞云"号	三级帆船	1400	150	150	6门装于舷侧的装填量45磅的火炮	燃烧沉没
5	"振威"号	三级帆船	1400	80	100	4门装于舷侧的装填量45磅的火炮；1门3吨半重可旋转阿姆斯特朗炮	沉没
6	"福星"号	三级帆船	1400	80	90	两门装于舷侧的装填量45磅的火炮；两门装于舷侧的装填量40磅的火炮；1门3吨半重可旋转中轴炮	沉没
7	"艺新"号	帆船	1400	80	30	3门由实习工程师试制的小型黄铜炮，船体仿照扬武号	沉没

序号	船名	等级	吨位	马力	人数	武器装备	受损情况
8	"永保"号	运输船	1400	150	150	没有装配火炮，用以武装运输	弹尽沉没
9	"琛航"号	运输船	1400	150	150	没有装配火炮，用以武装运输	燃烧沉没
10	"建胜"号	铁壳轻快艇	1400	389	30	1门16吨重的火炮	沉没
11	"福盛"号	铁壳轻快艇	1400	389	30	1门16吨重的火炮	沉没

上述所给出的表格足以表明法国舰队比他们的对手舰队要优越多少，尽管这些优势没有体现在实际的舰只数目上。法国舰队在吨位和武器装备上优势明显，大大弥补了其在数量上的弱势。中国有比对手多3倍的船只，但这些战船都是些什么级别的？我们现在就来比较一下双方参与了8月23日行动的最大的舰只。

"凯旋"号，法方最大吨位的舰只，二级远洋装甲舰，载重4127吨，全帆装备，装有2400马力动力，全速行驶时最大航速13节，有装甲带和架在26英寸厚木制后架上的厚度从最厚6英寸到最薄4英寸的炮塔。装甲带沿着吃水线一直到甲板横梁，炮塔上的盔甲一直从烟囱前面的轻甲板延伸到主桅杆后面几英尺的地方，因此可以有效地保护船身易受攻击的大部分以及引擎和锅炉。在炮塔前方角落有两个小炮楼，每个带有3.5英寸口径的后装式来复炮，在前甲板每个炮口则有7.25英寸口径的后装式来复炮。主甲板周围则有6挺9.25英寸口径的后装式来复炮。一个装备有青铜撞锤的超级强大的船首使这艘强大的巨型战舰显得令人生畏。"加里索尼"号和"巴雅"号都是和"凯旋"号同一级别的。

"扬武"号是中方最大的，也是被福州当地水师权威看作是在整个福州最可靠的舰船。这是一艘排水量1400吨的二级巡洋舰，复合船体，动力250马力，全帆装备，全速行驶平均航速8节。轻甲板周围有六门重达3.5吨的装填火药的大炮。前甲板也配有两门相同吨位和口径的炮护卫船首。另外一门相同特点的炮也在船尾占据了有利位置。在前桅杆后方还装备着一门重达6吨的中轴炮。

在大小上最接近"凯旋"号的是排水量3198吨的"杜瓦"号，全帆装备，动力3740马力，最大航速16节。该轻巡洋舰的装甲船身外围还有木板和铜质作为保护，船头有一个铜制的撞锤。轻甲板的每侧都有 4 个炮塔，炮塔伸出船身以便能保证纵向火力。每个炮塔配有口径为 7.375 英寸口径的来复炮。在船头前甲板下也有一门相当火力的炮。另一门口径为 5.5 英寸的大炮，架在中桅杆附近的一个炮台上，负责船尾的战斗。轻甲板的四周安装着 4 个相同类型的来复炮。涡轮安装在轻甲板，因此主甲板有更大空间。

很难确定在中国舰队中哪艘更接近"扬武"号。有三个，分别是"伏波"号、"济安"号和"飞云"号，这些舰只大小和武器装备都相似，作为中级舰船，必须被置于旗舰之后。

木制船身，二桅船，150 马力非组合式发动机。第一级别战船都配有 6 个后置型 45 磅重的蓄电池和 10 英寸口径阿姆斯特朗轴式炮。第二级别的战船舷侧装备与第一级别的相似，装了一门 4 吨重的阿姆斯特朗轴式炮，第三级别的战船（如"飞云"号）有 6 门舷炮，但是没有轴式火炮。

这种大篇幅的比较也许会令人反感，尤其是当"费勒斯"号和"德斯丹"号这样的战船与"振威"号、"福星"号这样的四级战船相提并论的时候。

　　"凯旋"号相对于"扬武"号的优势如此巨大，以致就算两艘船上都配有相同数量同样孔武有力训练有素的水手，而且不管环境多有利于后者，一旦战斗起来它都支撑不了几分钟甚至几秒钟。在一个封闭的区域，"扬武"号上的炮在第一轮发射之后就无法来得及再装上弹药了。敌方处于高点的来复炮手和甲板上的快炮手，都处于只要中方的装弹者一露头就能射到的有利位置，而且中方的很多战士出于作战需要不得不把自己暴露在船舷内。相比之下，由于船上掩体的作用，法国军舰甲板上的战士不会将自己暴露在敌人的火力之下。他们船上轻甲板舷侧的电池虽是裸露的，但大炮是后装式，并且船舷壁是防弹的。

　　将"杜瓦"号和"伏波"号这样的两艘战舰放在一起比较是荒谬的。

　　将法国人拥有机炮而他们的对手没有这一事实先放在一边，我们假设双方战舰上的船员同样勇猛同样顽强而且受到同样坚强的领导，虽然这个假设是完全不能成立的，即使那样，结局也只会是船小的那一方的惨败，就算他们在数量上三倍于对手。

由于法国人机炮上的优势和拥有更先进的鱼雷，双方的竞争就变得很显而易见，唯一剩下的就是要看看现代战争技术会带来什么启示。这次交战，向全世界明白无误地展现了机炮在海战中难以估计的作用和训练有素的鱼雷运用的效果。法国战士居高临下用机关炮给对手持续的冲击，对手就像割草机前的小麦一样被横扫。下面接替的人不能很快填补前一批被击中的人员的空缺。小型炮弹击穿了船壳和船身，机械和炮弹碎片在空中狂舞，导致更多的人丧生。钢铁碎片像一股股急流一样向船上的人身上砸去，据估计，中国舰船上百分之八十的死伤是由此造成的。法国舰艇上兵力充足——每艘法国战舰有超过一半的多余人手——他们可以在船舷两侧随时为每一个炮筒装填弹药，然后居高临下疾风暴雨般地进行扫射，完全摧毁中国战船甲板上的所有的生命。中国舰队对此毫无抵抗能力，他们的船上连同战士和苦力都算上也才是"半满员"。面对可以摧毁一切的猛烈炮火，没有人可以操作涡轮，而且大多数军官都擅离职守了，那些仍然坚守岗位的，除了极少数以外，也都只是证明了"谨慎即大勇"这句谚语。重机炮给兵工厂的政府财产造成的损失是令人难以置信的。围墙都被推倒了。兵工厂里的中国人都手握格林机关炮，"扬武"号和其他舰只的舰长都命令他们开火，但是更高级别的海军官员拒绝了舰长们的请求。

法国人在战斗后期使用的炮主要是轮转机关炮，美国发明的。"它被引入海军主要是有一些特别的目的，首先是可以击退鱼雷和其他很多进攻，其次，用来对付轻型商业船只，这种轻火力但是射程远的武器是最有效的。这种炮有 5 个装弹孔，每分钟可以以 60 到 80 发的速度发射；它的弹药是火药，射弹的重量从 1.5 磅到最重 6 磅不等。"现在唯一可以和这种炮匹敌的就是被一些偏好使用机关枪的海军广泛运用的诺登炮。

在结束这篇文章之前我们再来看一下中国编队中的"建胜"号和"福星"号这两艘战舰，考虑到它们的大小，它们几乎是福州最值得信赖的战舰。"建胜"号排水量 1400 吨，马力 389，最大航速 10 节，每艘装备一门 16 吨的重炮，以步炮的准星发射。在前甲板下有一个水压填弹装置，弹仓和弹匣下有弹道将弹药送至炮口。这些战舰如果得到有效的操作和指挥的话，在保障自己安全的距离外就可以对敌人造成很大麻烦。在很远的射程它们就有机会攻击而不是被动挨打。中国有很多这种级别的船只，而且北洋水师还有两艘英国造的在同类中无与伦比的船只。而马尾的海防简直是糟糕透了，罗星塔山脚下的抽水蓄能电站被当地人认为几乎是牢不可破的。6门过时的大炮，8门小型加农炮射出平均8到10磅的弹药，还有3条过时的壕沟，构成了这些松散的防御工事。闽安和马尾的堡垒由阿姆斯特朗和克虏伯炮防御。

　　我们简单地介绍一下中国海军和陆军的体制，然后结束这一章。

　　中国陆军和海军在清王朝必须依靠武力来维持统治的早期就开始严重退化。这是王朝军队最繁荣的时期，也是最有效的时期。大炮被制造出来，放在大城市的城墙上严阵以待，所有的军队武器装备和补给充足。军队严格遵守地方和军队法令，政治煽动者会受到严厉惩罚。但是随着时间的推移，腐败开始滋生。朝廷发现自己坐稳了王座，手中牢牢掌握政府法令。不再有内忧，中国与外面的世界也和平相处。

　　现在，整个军队周密组织和有效行政管理的秘诀都已丧失，当时世界上没有比这更糟的军队，没有比这更差的装备，没有比这更没有纪律的军队，没有比这更没有荣誉感的军队，总之一句话，没有比这更差的。

造成这种无能的主要原因如下：首先，长达几个世纪的和平。其次，清政府奉行的使人民变得不好战、斗志微弱的政策以及阻止人民尝试挣脱鞑靼统治的政策。再次，政府不知不觉中的顽固思想，他们刚刚拒绝改进过时的战略和武器装备。最后，对文学追求的重要性渗透到整个政治体制中，随之产生对从武的轻视，征兵时仅凭身体条件。

陆军和海军都是从社会底层征兵，而且军官和士兵都很容易受到体罚，在一定程度上造成了他们道德低下。

到目前为止中国人并不是不勇敢。在最近的广州事件中，军队在反抗英国人的战斗中就表现得很英勇，还有 1859 年在珀伊托 （Peitho）事件中的表现。非常有可能的是，如果他们训练有素，纪律严明，指挥有力，补给充足，他们将会成为亚洲最优秀的士兵。

北京的中央行政机构兵部统领下的海军和陆军法规几乎没有差别。最主要的行政区是按海岸线划分的，每个地区有一个造船厂和修理所。每个地区都有一个相应的水师舰队。

首先是广州水师，其次福州水师，再次是南京水师，最后是李鸿章的北洋水师。福州是最主要的机械工厂和制造工厂；上海、南京和天津有火药工厂和兵工厂；广州有海军学校。几个世纪以来中国在海军方面鲜有进步。这个国家自身造成长时间的孤立，广袤的内陆地区长期处于皇帝统治之下，还有中国人完全不适应海洋业的事实，都在一定程度上促成了当前的状况。

中国在过去40年里取得的进步是显著的，但是在防御这么重要的问题上，仍然有待于进一步发展，这与北京所表现出来的进步和包容十分不协调，外国人很容易在北京的进步和包容中认为这个国家非常急于从几个世纪的沉睡中清醒过来，立足于世界先进国家之列。其实情况并非如此。

"中国的每个省都是自治或者几乎自治的，不管是总督还是行政官员都有至高无上的权威，事实上只要他们能根据上面下达的指示的细节来做，就几乎是独立的。北京政府的主要作用就是监督这些法规得到执行，如果没有得到执行的话，就会让违反的总督或行政官负责。每个总督都有自己的陆军和海军，他们用所征收的税收来支付军队，不幸的是他们有时甚至不会支付。他们可以自己征税，如果没有意外的话，在他们所管辖的范围之内，在司法事务方面，他们就是最高法庭。在中国，官场的纯洁和公正只是相对而言的。"

中国人民长时间遭受的朝廷的压迫，使他们变得不那么好战；他们不能平和地生活，而是战战兢兢的。而且暴政相当严厉，这将他们从沉睡中唤醒。从最底层人民中征召士兵的习惯、服役时间的不确定性、随便在陆军和海军之间调换人员、采购制度、军官普遍的无能和缺乏道德、中央政府的冷漠，这一切综合起来导致了清朝政府的陆军和海军的防卫力量令人怀疑。在这种情况下，政府还会对军队进行的无力反抗和海军水师及兵工厂的被摧毁而感到奇怪吗？

对于中国当前的困境很少有同情者。中国在繁荣的时候，没有对外开放资源欢迎其他民族到它的港口，而是以盲目骄傲和专横孤立作为其主要特征。

如果当前的困境仅仅是由军队决定的，那很显然法国会是获胜的一方。但是如果中国人的聪明和手腕占了先机，并且在对法国的外交中取得胜利，这是所有外国人无法忍受的。"中国的胜利不可信。"除非中国政府在国内外都采取了自由的政策，而且表现出了进步的迹象，否则中国人的傲慢自大必须得到欧洲的一个或者多个力量联合的控制。但是中国必须首先审视自己，相比当前敌人摧毁他们的海军、炸毁他们的兵工厂、毁坏他们的财产，这个政府应该对自己内部的诸多问题更加担心。

每天所发生的一切事情都在昭示我们：中国人民是随时准备反抗的，反抗他们所憎恨的压迫者和吝啬的暴君，推翻清朝官吏，挣脱几个世纪以来折磨他们的束缚，直到过上不为人所控制的自由生活。

不管是来自最高宪法权威的古老教条，还是其他学识渊博的智者，似乎都忘了介于国家和人民之间的职责是互惠的，是互相作用的，只要君主的统治是公正和有利的，人民就有责任表现出严格和自愿的服从；但是如果君主背离了正直和美德，人民就有相应的责任去尽力反抗权威。中国人目前还没有看到这一点。他们只能感受到越来越近的压迫的魔爪。

要估计这个皇帝的力量是很难的一件事情。"外界只能看到皇帝的圣旨，但是没有人能说得清楚他们是如何伪造的，或者谁亲手毁掉了他们。"皇位有如此烦琐的礼仪，以至于除非皇位的拥有者是一个拥有超强能力的人，否则他难以不落入他的宠臣的指掌。中国人民想要什么，他们必须干什么，在他们能找到一条有效的反抗政府官员压迫的措施之前，首先就要推翻皇位周围的障碍。法国人不知不觉中给了他们一个主动的机会，而有的地区的人们也已经抓住了这个机会。

中国就像一块蛋糕。许多年来一些贪婪的民族一直在边缘不断地啃咬。现在已经有了一条新的裂缝，一个全新的陌生的机构正在超越它的边界伸向它的中心。很自然地，在一系列的社会动乱后这条裂缝将会在它圆形的表面内部蔓延直至到达顶点，在那里，在那些像是叶片一样的装饰物的遮掩下，隐藏着一个年轻的生命。突然照进的光芒将会刺破所有的旧环境，通过毁灭几个世纪以来的旧仪式，在这个绚烂的土地上将会走出一个自由自在不受阻碍的中国。

不要指望中国能像法国一样立即进行一场革命以完全推翻君主制。中国不会这样，而是仅仅通过表面的战栗导致许多古老体制和旧物的落幕，而且在因震动偶然产生的裂缝中，官僚压迫和顽固专制，还有奴役都将会走向坟墓，然后欧洲和美国将会开发这片处女地，贸易的根基将得到巩固，最终不管多么巨大的动乱都无法阻碍这棵大树欣欣向荣地成长！

厦门及其周边地区

—— 来自中国和其他的记载

［英］乔治·休士（George Hughes）　著

胡　雯　翻　译

林大津　审　校

第一部分

历史；厦门（Amoy）及其周边地区；与日本人、荷兰人的纷争；郑芝龙（Cheng Chih Lung）与郑成功（国姓爷）（Cheng Cheng Kung, Koxinga）；荷兰丧失对台湾的占领；荷兰试图占据中国大陆一席之地；英国占领厦门；小刀会（Small knife rebels）攻占厦门；小刀会的历史；小刀会首领颁布的税费标准；清军夺回厦门；长毛（Chang mao）（或称太平军，Tai ping rebels）残部占领漳州府（Chang-chou-fu）；外国人与太平军的联系；白齐文（Burgevine）；清军夺回漳州府。

早期中国与日本的交往

对厦门（Amoy）及其周边地区的早期中文记载由于明显失实而显得晦涩模糊，我们只能从这些并不尽如人意的史料中粗略了解这些地区的历史概况。这些信息一方面展现了一幅充满诡计、侵略和杀戮的画面，另一方面又反映了不容异说、搜刮民众、混乱不治，最终以叛乱和残暴野性收场的社会状态。中国史学家认为日本是中国的属国，称其为倭（Wo）国。唐（the Tang dynasty）亨咸①（Han-cheng）年间，670 年，倭国改名为日本（Jih-pen），因近东海日出之处以为名。

至宋朝（the Sung），950—1280 年②，中国与日本历代都有交往，日本不断向中国进贡，但宋以后进贡中止。于是元朝（the Yuen）创立者、崇尚武功的忽必烈（Kublai Khan）派遣使节前往日本，要求其称臣纳贡。自尊而好战的

---

① 应为"咸亨"。——译者
② 应为"960—1279 年"。——译者

日本人，对蒙古人（Mongol）为令其进贡所做的一切尝试深恶痛绝。他们感觉受到蔑视和伤害，痛心不已，便杀害了一名前来索要贡品的使节以及他的所有随从。为了报复这场大屠杀并征服日本，忽必烈派遣一支载有 10 万将士的庞大舰队，由范文虎（Fan Wan-hu）统率，出征日本。但舰队到达五龙山（Wu-lung-shan）后被风暴摧毁，这支不幸的军队中大部分人逃脱了大海的吞噬，却没能逃脱死在日本人刀剑下的厄运，仅有极少数人返回中国。此后直至元朝末年的 1366 年，中日两国交往中止。

日本人侵扰中国海岸

明朝（the Ming dynasty）时期，为了报复中国的侵扰和征服企图，日本时常突袭沿浙江（Che-kiang）到广东（Kwang-tung）一带的中国海岸，烧杀抢掠。1368 年，一名中国使节受派持国书（Imperial letter）前往日本查明这些袭击的原因，却受到日本人怠慢。说来也怪，据记载，当时日本人经常被索要贡品，但由于日本贡品并未以臣属的形式呈上，便总是遭到拒收。明洪武（Hung-wu）二十年，1386年①，国家采取措施，将浙江、福建（Fuhkien）和广东的沿海地区设为海防区，其中浙江省受命提供100艘战船，其他两省数量翻倍。此时，能干而狡诈的丞相胡惟庸（Hu-wei-yung）想借助日本人的力量策划一场叛乱。日本派佛僧如瑶（Ju-yao）率兵士400人化装成进贡者以助胡，所谓贡品为大量巨烛，内藏兵器火药。但此时，胡惟庸却因谋反阴谋败露而遭斩首，这些假进贡者也被逮捕并受惩处，中日往来又告中断。随后，在关于明朝建朝的记载中，日本被列入15个未被征服的国家名单中。

永乐（Yunglo）年间，1401年②，日本向中国称臣纳贡，并进献20名一直侵扰中国海岸的日本对马岛（Tui-ma）和台岐岛（Tai-chi）的倭寇头目。此后，日本经常将贡品和被俘的海盗一同送往中国。致大皇帝（Ta-hwang-te）的文书

---

① 1386年应为明洪武十九年。——译者
② 1401年应为建文三年。——译者

覆盖于贡品上，措辞如下："倘若在臣所辖岛屿上有人不务正业参与海盗活动，这的确不为臣所知，臣祈求陛下宽宏大量（不要将他们的罪责归咎于臣）。"然而沿海的海盗侵扰依旧猖獗，直到 1418 年，将军刘江（Liu-chiang）把望海埚（Wang-hai-wo）的海盗打得一败涂地，这些劫掠才暂时偃旗息鼓。此时，进贡再次中断。

正统（Ching tung）四年至八年（1459—1463 年）[①]，日本人在黄岩（Huan-yeu）、龙岩（Lung-yeu）两地两名中国叛民的煽动下，多次攻打台州（Tai-chou）和台明（Tai-ming）地区。

当时中国政府警觉起来，想将日本人赶出中国海岸，而浙江、福建人民却对他们带来的贸易表示欢迎，但同时千方百计回避支付他们应得的费用。因此，日本人为了报复在中国领土受到的这些不公正待遇，发动了许多袭击。宦官（the Eunuchs）在宁波（Ningpo）和浙江的港口掌管贸易，负责对商品征税和定价，当他们被免职后，职位也随之取消，所行使的控制权转移到商人手中，直到对外贸易完全禁止。随

---

① 　1459—1463 年应为天顺三年至七年。——译者

后，另一些人控制了贸易，虽然他们出身地位高低不等，但都拒不偿付日本人的货款，已经沦落到比前人有过之而无不及的可耻地步。

1547 年，巡抚（Hsune-fu）朱纨（Chu Hwang）严禁通商，违反禁令者被他无情地斩首。朱纨的做法激起了浙江、福建人民对他的仇恨，于是他遭御史（censor）闽人周亮（Chao Liang）弹劾，罪名为擅杀海盗 90 余名，这些海盗死前沦为囚犯并为其奴役。朱纨被革职后愤而自杀，此后通商禁令得以废止。1552 年，日本人由中国叛乱者汪直（Wang Chih）及其随从辅佐，连舰百余艘，大举进攻中国海岸。浙江（Che river）的东西面、长江（Yang-tse-kiang）的南北面、滨海数千里同时告警。

他们攻陷昌国（Chang Kwo）要塞，占领太仓州（Tai-tsang-chou），破上海（Shanghae）城，在江阴（Kiang-yin）肆意劫掠，并进攻乍浦（Cha-pu）。接着又洗劫金山（Kin-shan）的卫所，进犯崇明（Tsung-ming）、常熟（Chang-shu）和嘉定（Kia-ting）地区。次年，他们从太仓一路进发至苏州（Suchow），将其洗劫一空。随后袭击松江（Sung-kiang），并再次迅速横渡长江，在江北的通州（Tung-chau）和泰州（Tai chau）建立据点。嘉善（Kia-shen）被夷为平地，崇明受袭，苏州再次遭劫。崇德（Tsung-teh）、吴江（Wukiang）和嘉兴（Kia-hing）沦陷。之后又占领柘林（Cheh-lin），并以此为据点，肆意向各地进发，如入无人之境。1554年，他们劫船数艘，猛攻乍浦和海宁（Haining），摧毁崇德，并将塘栖（Tang-tseh）、新市（Sin-she）、横塘（Hung-tang）和双林（Shwang-lin）洗劫一空。后来又联合一些新来的日本人突袭嘉兴，但在王泾（Wang-king）河处被兵部尚书（president of the Board of war）张经（Chang-king）的部队打败。张经与其作战，声称斩首2000余人，使其残部撤回柘林。随后，苏州附近地区再次受到侵扰，从苏州到江阴和无锡（Wu-sih），处处血迹斑斑。这支队伍中，平均每10人里只有3个日本人，其余7个均为中国人。他们未遇任何抵抗，抵达并穿越了太湖（Tai-Hu）。

他们行踪不定，虽然有时也被击败，但都一一夺取并摧毁了想要占领的每一处地方。1556年，他们将战线南移至福建，出现在这个地区的浯屿（Wu-yu），令人畏惧。不久，同安（Tung an）、惠安（Hwui an）和南安（Nan an）地区满目疮痍。接着，福宁州（Fuh-ning-chou）受袭。他们攻破福安（Fuh an）和宁德（Ning teh）后，于 1557 年包围并封锁福州（Foochow）达一个月之久。福清（Fuh-ching）和永福（Yung-fuh）城沦陷并被摧毁。占领狂潮席卷兴化（Hing-wei），他们从那里闯入漳州。潮州府（Chao-chao-fu），甚至远方的广州城（Canton）也笼罩在恐怖的气氛中。①

对这些血腥侵略的描述可以参看记载厦门和泉州（Chin-chew）历史的中国史书《厦门志》（*Hsia men-chih*）和《泉州志》（*Chuan-chou-chih*）。这些记载本应是最完整的，但实际上内容却少得可怜，除了日期、地点和事件外，其余记述甚少。

据这些史书记载，日本人于 1369 年第一次进攻泉州。同随后对大多数进攻的描述一样，此次战斗结果并未清晰地阐明。但如果从这些记载的上下文入手，搜集相关史料也许并不困难。此后，日本人再未来到这个地区，直到 1552

———————

① 引自一本中国著作《海国图志》（*Hai-Kwo-Tu-Chih*），内有对外国的简要描述。

年，他们扫荡了仙游县（Sien-yu-hsien）和安溪县（An-chi-hsien）。1556—1557 年，他们所犯罪行已被记录下来。1559 年，泉州、同安县（Tung-an-hsien）、惠安县（Wei-an-hsien）和南安县（Nan-an-hsien）又一次遭劫。第二年，泉州再次遇袭，惠安县沦陷，当地知县与许多士兵、平民丧生。1561 年，泉州再遭突袭，由于这座城市的特殊地理位置和孤立无援的状态，它总是被选作袭击的目标。之后日本人进攻同安，这次在那里遇到了顽强抵抗。据记载，同安城被围困了整整 4 个月，但最终还是和南安一样，于 1562 年被占领，两城均被洗劫一空，生灵涂炭。在占领两城 40 天后，日本人放火烧城，弃城而去。此时，为了更方便地突袭内陆地区，日本人进入并占领了南澳（Namoa）。据记载，他们在那里修建房屋并停留了一年，但实际可能占领了更长一段时间。1563 年，他们攻陷了漳州府这一富庶要地，并再次侵扰同安县，烧毁晋江县（Chin-kiang-hsien）房屋无数。1564 年，他们在泉州屠杀了许多官吏、士兵和平民。1567 年泉州再次遇袭，遭劫三日。在荼毒中国沿海 200 年后，他们被戚继光（Chi-chi-kuang）将军逐出这一地区。这位将军有勇有

谋，果敢干练。1569 年，他击退了日本人对泉州的进攻，令
日方损失惨重。1572 年，他再次歼灭了一支 200 人的突袭队
伍。此后，日本人便没有出现在这个地区的史籍记载中。但
万历（Wan-li）年间，1571—1619 年，他们占领了台湾部分
地区，直到万历统治末期，被荷兰人驱逐出境。

日本人的诡计

日本人似乎在计谋方面更胜一筹，擅于靠简单而巧妙的
谋略来迷惑误导敌人。他们在武装船只上装载商品，这样人
们便不会认为他们将向海岸不设防地区发动野蛮侵袭，这也
使他们能以和平进贡者的身份寻求港口的庇护。小规模冲突
不断发生，他们声东击西以诱敌方火力，在弹尽粮绝、敌方
猛攻之际，佯装撤退，遗弃各类战利品、酒和女人，以为诱
饵，使敌方陷入埋伏。围城时，他们将云梯架设于城墙之
下，但次日清晨却悄然撤退，又开始了数里之外的掠夺。中

国俘虏身着日本服装，被迫冲在前面作战。他们诚惶诚恐，语无伦次，无法清晰地用自己的语言进行表达。因此，如果这些人逃跑或受伤，毋庸置疑将死在自己国人的手下。日本人这种残暴血腥的袭击手段，以及后来入伙的当地海盗与杀人犯的所作所为，令百姓切齿痛恨，难以忘怀。厦门的妇女直到现在还用"倭人来了"（Woo-jin-lai-liao）的黑妖玩偶来吓唬她们的淘气孩子。

与荷兰人的纷争

1622 年，荷兰人占领澎湖（Panghu）列岛（Pescadores），开始在那里建立堡垒，于是新的纷争不断出现。这样一来谁都不乐意。它不但威胁到马尼拉（Manila）与中国的贸易，妨碍了与西班牙的关系，同时也威胁到在澳门的葡萄牙与日本的贸易。对中国人来说，这些做法"无法容忍，祸患无穷"。明朝皇帝明令荷兰人撤出澎湖，但荷兰人要求"仅与中国进行自由贸易，并禁止中国与在马尼拉的西班牙人通商"。谈判一开始便破裂。荷兰人为迫使中国人与之通商，派出 8 艘舰船游弋海上，沿中国海岸大肆劫掠破坏。"他们犯下种种罪行，沿海的村庄受掠，令基督名义蒙羞。"① 于是，谈判得以继续。荷兰海军上将克兹隆（Keizerroon）派一名使者前往厦门，这名使者受到隆重的礼遇，但依然被要求跪地磕头，"这样旁人就能听到他脑袋触地的响声"。然而他拒绝这么做，因此谈判再次中断。为了防止船只开往马尼拉，作为"回击"（argumentum ad hominem），泉州遭到封锁。这位海军上将前往福州，在那里被告知，只要荷兰依旧占领澎湖列岛，就不允许通商，但允许他们在台湾岛设防（由于那时政府还未接管，台湾岛直到 1430 年才为中国人所知），而这要以他们撤出澎湖为代价。这一要求被接受后，1624 年荷兰与中国缔和，取得了当时所有的商业特权，同时也得到了他们与中国、日本贸易的一个转口港。

---

① 《中国丛报》（*Chinese Repository*）第六卷，第 584 页。注：《中国丛报》是西方传教士在清末中国创办的一份英文期刊，由美国传教士裨治文（Elijah Coleman Bridgman，1801—1861）创办于 1832 年 5 月，主要发行地点是广州。——译者

1624—1644 年，中国遭受严重的内乱与外患。1644 年，清军入关，北京沦陷。随后，15 个省中有 12 个省承认其统治，但福建省却誓死抵抗，直到几年后才被其征服。这个地区饱经战乱，人员伤亡惨重。据中国史料记载，"人们的汩汩鲜血汇流成河"，25000 个家庭逃往台湾，已经大大超过台湾的负荷。艰苦岁月造就了众多敢于冒险拼命的人。一方面，从他们对清廷的仇恨来看，他们是爱国的。清廷令他们家破人亡，门庭冷落，迫使被征服的中国人剪掉他们自古以来当作宝贵装饰的浓密长发，作为归顺的标志，违反者处死，并令他们接受满人的长辫以及服装。另一方面，从他们的经营和生活方式，以及结伙哨聚和反抗官员的行为来看，他们又是海盗式的，置法律于不顾。那些官员有时与他们同谋共事，有时却控告和审判他们。在这些人中，最著名的当数郑芝龙（Cheng Chih Lung）。郑芝龙出生在南安地区①安海（Anhai）港湾入口的一个海边小村里，父母不详。关于他的生平，记载甚多。以下记载大部分摘自尼恩霍夫（Nienhoff）编写的《中国丛报》（*Chinese Repository*）第二卷。他从小因

---

① 南安石井（Sheh Chien）村位于东峰（East Peek）脚下。

性情果敢，相貌英俊，举止适当，闻名遐迩。杜赫德（Du Halde）① 提到，郑芝龙在年轻时来到澳门，受洗成为一名天主教徒，以尼古拉·贾斯帕（Nicholas Gaspard）为教名。随后，荷兰人雇佣他到台湾工作。由于一些重要原因，他在那里改名为官（Kwan）。据记载，后来他去了日本平户（Firando）的荷兰工厂，并与一名日本商人的女儿成婚。婚后诞生的儿子郑成功（Cheng-cheng-kung）接受了"国姓仔"（Kwo-hsing-ah）这一称呼，厦门方言发音为郑国姓（Te-kok-seng），于是出现了 Kosenga、Coshinga 和 Koxinga 这 3 个名字。而他正是以"国姓爷"（Koxinga）② 这个名字闻名遐

---

① 杜赫德（Jean-Baptiste Du Halde，1674—1743），法国神父，1735 年出版《中华帝国全志》。——译者

② 国姓爷（Koxinga）姓郑，当地发音为 Tin 或 Teng，原名为森，后来明朝最后一个皇帝（这里指南明唐王隆武帝——译者）将其改名为成功（Cheng-kung）。皇帝授予他的荣誉使他得到了"国姓"（Kwoh-hsing）这个称号，皇帝亲自宣布此名，以示敬重。之后，他便以郑国姓（Cheng-kwoh-hsing）闻名，当地方言发音为 Tin-kok-seng，这个名字后来又被外国人转称为 Koxinga。他以郑国姓这个名字为人所铭记，当地百姓对他充满喜爱，引以为傲。他的出生地以及同安、南安也因他而闻名于世。

迹，成为一名著名的海盗、能干的商人和杰出的将军，并建立了自己的领地。

郑成功的父亲郑芝龙受日本人委派，率领舰船在中国海岸的港口进行贸易，有时这些贸易并非以和平的方式进行。他是否与这支舰队一同返回还存在疑问。郑芝龙具有与同时代其他国家著名海军将领一样的能力，随着形势变得对自己有利，他便从商船船长转变为海盗船船长。他联合占据一个近海岛屿的著名海盗颜思齐（Yen Chin）的军队，劫掠过往船只数年。颜思齐死后，郑芝龙毫无争议地被推举为海盗首领，并以此身份成为这片海域的霸主，令人闻风丧胆。他声名远扬，吸引了一些载有中国爱国者以及海盗的船只。凭借劫掠的钱财，郑芝龙逐渐建立了一支庞大的舰队以反抗朝廷战船，这支舰队使他得以控制浙江、福建和广东海岸。当时政府的政策与现在如出一辙，他们无法打败也抓不住这个狡猾而强大的头领，便向明朝的最后一个皇帝（Imperial master）崇祯（Tsung Ching）建议，以授予郑芝龙高官来收买他，使之效忠。当然，这一难以抵抗的诱惑起了作用，郑芝龙回应道，如能保证他及其属下的官衔、安全、财富，以及在朝廷里任职，他们将归降朝廷，效忠皇帝。朝廷欣然答应这些要求，于 1636 年，授予郑芝龙水师首领总兵（Admiral）一职。随后 10 年，他在清朝统治期间，参与领导中国的水师活动，名扬天下。郑芝龙迫使商船以高昂的代价取得他所提供的通商许可，对获利贸易（包括在台湾与荷兰人、在马尼拉与西班牙人、在澳门与葡萄牙人，以及与日本人进行的贸易）采取了某种程度上的垄断，创造了新的财富与权力来源。他退出海盗活动的领导，引发了昔日同伙巨大的惶恐和不满。这些人并未效忠跟随他，他们清楚地知道，当一群暴徒中产生一名官员的时候，这位官员所具有的正直热情将会根除并惩治恶人。他们的想法十分正确。归顺之后，郑芝龙接到的第一个任务就是消灭继任他的海盗，有位老同伙在泉州附近继承了他原来的职位。郑芝龙乐意并忠实地完成了这项任务，将其消灭。不久，他受委派消灭另一名海盗首领刘香（Liao Yang）。在一场持续整日的拼死战斗后，刘香走投无路，引爆弹药库炸毁自己的船只，最终溃败。郑芝龙缴获许多剩余船只，胜利归来。一段时间内，海上太平，正如中国人所说的"海永无波"。此时，郑芝龙声誉达到鼎盛，其权力似乎仅在皇帝一人之下，财产无数，并拥有一支强大的舰队完全由其控制，这支舰队忠诚于他，也相信他所向无敌。当时，所有的对手和派系都在谋求得到他的青睐和帮助，据说，福王（the Prince of Fuh）在南京（Nanking）登基的时候，赐郑芝龙的儿子与一名皇族的公主成婚。清军（the Manchus）侵略福建并向泉州进发之际，郑芝龙听取朋友的意见，相信了清军对他的承诺，正式投降。清军将领对他十分敬重。后来，听说这位将军即将被召回北京，为了表示对其的敬意，郑芝龙前往送行，并未带上贴身侍卫。那位将军恳请他陪同一道前往朝廷因功领赏。对郑芝龙来说，不去是徒劳无益的，他只得被迫出席。此后，他便退居幕后，逐渐消失在人们的视野中，再未作为一种势力为人们谈起。不久，来自首都的谣言传到了他儿子那里，说他被俘而亡，但具体详情无人能说清。得知郑芝龙去世的消息，郑成功便指挥他父亲的舰队和属下继续与清军作战，让他们偿还由于背信弃义而对他父亲欠下的血债。多年来，他在海上和陆上烧杀抢掠，无情地杀害、掠夺清军和那些投降于清军的同胞。所有阻止他的努力都是徒劳的，据说，在所有的征服战争中，他所指挥的战争是最恐怖的。1650 年，明朝军队分散各地的残部集结于广州城，准备与清军背水一战。大敌当前，明朝长官寻求郑成功的帮助，他立即应允。他那支训练有素的舰队给不擅海战的清军以重创。清军围攻广州城长达 8 个月，广州城 3 次险遭弃城。后来，由于镇守北门的士兵变节，城市沦陷，郑成功才撤走舰队。中国所有省份臣服于清廷后很长一段时间，郑成功依然保持着海上的至高权力。1653 年，他袭击厦门，计划夺取当时的港口海澄（Hai-teng）。清军还没等暂时松一口气，便在随后的一场海上交锋中被郑成功军队打败，据记载损失了七八千人。接着，郑军突袭攻破海澄，杀死所有持械兵士，但是禁止袭击平民。占领海澄后，郑成功派士兵设置重炮，修补城墙。于是，海澄形成了一个要塞，可以从那里进攻由于官员逃跑而无人防守的空旷地区。漳州和泉州受到严重劫掠，小一些的城镇也遭到抢夺，征服者积聚了大量战利品。随后，在掠夺泉州时，清军的增援部队到达，郑成功部队被迫撤回船上，损失了不少战利品。1655 年，他再次进攻泉州和兴化并掠夺这些地区。此时，清军请求增援部队，并得到允诺。清军严密驻防海岸，使郑军进一步的突袭无功而返。当时郑成功正谋划成为江南（Kiang-nan）省的主人。在夺取长江口的几处地方后，他率领一支 800 艘战船的舰队沿江进发，计划攻占省会南京。他的部队初期取得了一些小胜，但清军对他们发动的一次猛烈而坚决的夜袭，令其损失 3000 多兵士、众多武器、营帐和战利品，他们只得按原路撤回船上。1659 年，清王朝决定装备一支舰队，以有效地剿灭这个亡命之徒。但郑成功搜寻到这支舰队，并在随后的战斗中将其全歼，摧毁大多数船只，俘虏 4000 人，割其耳鼻后释放。这些可怜人回到北京后，却因被俘而遭处死。尽管郑成功取得了一些胜利，但他发现，自己在大陆建立一个王国的愿望由于种种因素不能实现。于是，他将目光转向台湾，将其作为一个适宜的庇护所和管辖地。

中国人把这个美丽的岛屿称为台湾（Taiwan），它南北跨越 3 个纬度，最宽处达 80 英里。一条宽度从 75 英里到 120 英里不等的海峡将其同中国海岸分隔开来。从台湾到厦门仅需一天半或两天的海上航行。1624 年，荷兰人占领了台湾岛，并在它的西南面现称为"台湾府"（Tai-wan-foo）的主要港口建立了一座坚固的热兰遮城（Zelandia），以及另一座较小的普罗文查城①（Province）。最终，荷兰人在淡水（Tamsui）和鸡笼②（Kelung）以及岛内和主要城堡附近建立了定居点。荷兰人和当地统治者，通过开明的法律，成功地将这些地区的人民置于他们统治之下。满族人的侵略使中国大陆处于长期持久的无政府状态，于是成千上万的逃亡者来到这个岛屿并居住下来。他们在这个岛上勤劳耕作，不久，原来贫瘠的土地上到处可见丰产的水稻和蔗糖。起初，荷兰人鼓励移民，但后来他们开始警觉，试图加以阻挠。现在还很难推测，荷兰人在对中国人挑拨离间，但最终却导致自己垮台的过程中采取了何种措施，但可以肯定的是，岛上的中国人与郑成功建立了联系，并在他进攻这个岛屿的时候，给予他诚挚的帮助。

荷兰总督揆一（Coyet）注意到郑成功在厦门的备战，便于 1650 年大力增加热兰遮和普罗文查这两座城堡的驻军。虽然多年来，双方互不信任，相互不满，但并未表现出敌

---

①　普罗文查城又称"赤嵌城"。——译者
②　鸡笼于 1875 年改名为基隆。——译者

意。后来郑成功在南京战败，很明显，如果他不进攻台湾，他的舰队和属下将会因缺乏谋生手段而解散。荷兰人意识到中国居民和这位首领之间的种种联系，便提高警惕，将一些最重要的移民挟为人质，并逮捕和拷问其他有嫌疑的人。揆一预感到危险，便诚恳地向巴达维亚（Batavia）寻求支援，于是12艘船只和大批增援部队从那里派出。他们接到如下命令：如果台湾的警报被证明是毫无根据的，舰队将向澳门进发。舰队司令认为，台湾府的荷兰驻军已增至1500人，足够对付任何数量的中国军队。当郑成功被问及"要和还是要战"时，他答道"自己丝毫也没有想过要与荷兰作战"，之后还向台湾派遣了一些商船。尽管如此，由于郑成功依然继续在厦门和金门（Quemoy）备战，荷兰总督并未打消疑虑。

但是荷兰总督委员会里大多数人认为这时已经没有危险，因此那些舰船又受命驶往它们各自的目的地。舰队司令返回巴达维亚，指责总督杞人忧天，结果揆一被停职，并受命回巴达维亚自清。他的继任者克伦克（M. Clenk）于1661年6月乘船前往台湾。

　　船队启程后不久，郑成功便率领一支大型舰队和 25000 人的精锐部队，出现在热兰遮城和普罗文查城附近海面，在岸上数千同胞的协助下开始登陆。起初，他遭到 240 名荷兰士兵和 4 艘舰船的袭击。但他有勇有谋，率部队从侧翼包抄这些荷兰士兵，使他们惊慌失措地按原路撤退，仅一半人重新回到城堡，一名上尉和 19 名士兵投降郑军。4 艘舰船的情况也不妙，虽然它们击沉了一些敌方船只，但后来其中一艘被敌方的火攻船摧毁，另一艘逃往巴达维亚，其他两艘的命运不见记载。

　　中国军队未遇进一步抵抗，在 4 小时内登陆，切断了普罗文查和热兰遮两城间，以及热兰遮城和空旷地区之间的交通。此时，郑成功勒令要塞中的荷兰士兵立刻投降，并威胁如不服从，所有人都会被处死。荷方代表来到郑军处，等待郑成功宣布普罗文查城投降，以免全军覆没。于是荷兰士兵体面地投降了，但他们被告知"台湾一直都属于中国，现在既然中国人想要回这块土地，外国人必须尽快离开，将它归还原主。如果不这么做，就升起红旗决一死战"。第二天早晨，红旗飘扬在热兰遮城上空，但指挥普罗文查城的军官却熄炮带着守军投降。所有能够作战的荷兰人都进入热兰遮城。为防备郑军攻城，荷兰军队放火烧城，但这些行动收效甚微，中国人保住好几处完整的处所当成庇护所。郑军携带28门大炮，向荷兰人的防御工事开火。炮火持续不断，火向精准，导致许多人在大火中伤亡。郑军打乱了敌人的计划，进行突击，但在袭击城堡的进程中也遭到一些挫折，进退两难，于是郑成功发动了一场近距离封锁，迁怒于周边开阔地区的荷兰人。他俘虏了所有可以抓获的荷兰人，尤其是牧师和教师，宣称这些人唆使教徒杀害住在他们那里的中国人。一些俘虏被绑在竖立在各自村庄的十字架上折磨致死，其他人则以一种较仁慈的方式被处决。被捕获的战俘中有一名叫汉布洛考克（Hambrocock）的牧师，郑成功派他前往热兰遮城总督处谈判投降的条件，声称一旦遭到拒绝，就会对所有荷兰战俘采取报复行动。汉布洛考克的妻子和两个孩子被扣作人质，如果谈判失败，他只有死路一条。然而这位志士并未敦促驻军投降，反而鼓励他们奋勇作战、等待救援，并使其相信，郑成功损失了大量精锐战舰和士兵，对围城已力不从心。在城堡里，他的两个女儿揽住他的脖子，恳求父亲留下来。战争委员会（the council of war）批准了她们的请求，但汉布洛考克却以无私的奉献精神回应道，如果他不回去，他的妻子和其他子女就会被处死，他希望能为可怜的被俘同胞们尽一份力。于是他带着总督的拒降信回到郑成功处。郑成功神情严肃地听取了他的回复后，下令处死所有 500 名荷兰男性俘虏。妇女儿童也不能幸免，虽然据记载，"一些最好的留下供指挥官差使，剩下的就卖给普通士兵"，但大多数人都遭杀害。牧师如汉布洛考克、穆斯（Mus）、温斯翰（Winshaim）等人和一些教师都死于这场大屠杀。揆一由于胆小怯懦，在巴达维亚受到了殖民地评议会的严厉指责，于是评议会派遣他的继任者克伦克前往台湾。出发两天后，荷兰逃脱的船只回到巴达维亚，带来台湾遭袭的消息。于是，殖民地评议会撤销了对揆一的处罚并恢复他的职务，装备了载有 700 名士兵的 10 艘战舰向台湾进发。当克伦克最先到达热兰遮城时，他自以为成为一个繁荣平静的殖民地的领导者，但却惊讶地发现城里红旗飘飘，成百上千艘中国战船停泊在北面的港湾。他命令部队停靠岸边，并未登陆，随后驶往日本。当来自巴达维亚的救援物资到达时，荷兰被困士兵开始采取攻势，想将敌人驱逐出城，却无功而返，战斗中损失了两艘军舰和许多士兵。鸡笼和淡水的驻军也接到命令去增援被困部队，妇女儿童以及其他无助的人被送往巴达维亚。这些准备活动牵制了郑成功军队的逼近，但是荷兰人令人无法解释的轻率却使他们丧失了自身优势。荷兰总督收到清朝福建总督（Tartar Viceroy of Foh-kien）来信，要求与他合作一同肃清郑成功部队在沿海的残余势力，并允诺之后在台湾将给予荷兰援助。于是，5艘战船被派出执行这项任务，但3艘在风暴中被摧毁，另外2艘返回巴达维亚。郑成功做梦也想不到会发生的这些事情，带给被围困的荷兰人彻底的绝望。后来，被围困者开始逃跑，一名逃兵向郑成功的部队报告了城中最易攻破的地点。郑军用3队炮兵攻城，突破了一个缺口，夺取了最后一个阵地，很明显，进攻即将拉开序幕。荷兰人组织的战争委员会讨论了这些情况，大多数委员认为这个城堡无法防守。因此，荷兰人被围困9个月后，城堡遭弃，损失1600人。随后，荷兰人乘船前往爪哇（Java），总督和委员会在那里被扣押，物资遭没收，总督本人被判无期徒刑，关押在班达（Banda）群岛的一座小岛上。1662 年，荷兰人正是以这样的方式，结束了它在台湾以及中国海域持续 30 年的领土占领。①

自此，郑成功自封为台湾王。他掌握了最高的统治权力，在热兰遮城建立宫殿官署，还在台湾西部地区熟练地部署驻军。这个岛屿展现出一派崭新的社会景象，他们引进了中国大陆的法律、政府组织形式、习俗和产业等。同时，武装远征船被派往大陆沿海，向当地居民强行征收各种生活必需品的特别税。即使朝廷当局也无法阻止这些无尽的掠夺和杀戮行为。武装远征船上这可怜的 4000 人的命运坎坷，他们不希望为军队效劳，因此需要一个具有中国特色的法令的庇护，而这一法令在世界其他国家也许行不通。1662 年，清政府公布了一道圣旨，要求"沿海省份海岸的全体人民将自己和所有财产转移到离海岸 30 里（10 英里）的内地，违者将被处死，另外，应当遗弃这些岛屿并完全终止商业活动"。这道著名的圣旨收到了实际效果，7 年来，沿海所有人口密集的富裕城镇都被遗弃，村庄沦为废墟，不复存在。

---

① 根据其他记载，直到 1668 年，荷兰人才放弃了对台湾岛北端鸡笼港的占领。

同时，郑成功正紧锣密鼓地筹划着他的势力和领土扩张。他将目光转向富饶的菲律宾群岛（Phillipine islands），一场对抗那里西班牙人的远征正在筹备之中。但这场远征由于这位令人望而生畏的首领的去世而告中断。① 郑成功的财产传给了他的儿子②，但儿子并未继承父亲杰出的军事能力。10 年后，当广东、福建两省反抗康熙皇帝（Emperor Kanghi）时，郑成功的儿子决定加入福建王③（king of Foh-kien）的队伍一同抗清，但福建王却拒绝承认郑的君主身份，向他宣战，多次将其打败，最终摧毁了他的势力，并迫使他归顺皇帝。康熙皇帝取消了郑成功儿子国王的头衔，任命一名总督掌管浙江和福建。这位将军④夺取了离台湾约 25 英里的澎湖列岛，并宣布特赦那些归顺朝廷统治的人。他的政策取得了预期效果，数以千计的台湾移民被诱使返回中国，岛上敌人的兵力被削弱，最后郑军无法再控制这个岛屿。1683 年，郑

---

① 根据其他记载，郑成功在 1663 年的一场海战中被荷兰人杀死。

② 郑经。——译者

③ 福建靖南王耿精忠。——译者

④ 施琅将军。——译者

成功的孙子①向康熙皇帝交出台湾。他们在石井的宗祠里有一幅郑成功的画像，据说，除了新年这一天，祠堂的前门是不许打开的，以免这个可怕的首领死而复生，给当政王朝带来麻烦和灾难。

失去台湾后，荷兰人在巴达维亚装备了一支 12 艘船只的舰队驶往福州，为收复这座岛屿缔结协议。他们占领了一个海港，并得到 16 艘其他船只的支援，其中大多数是东印度公司旗下的船只（East Indiamen）。他们与清军联合起来，袭击并占领了厦门和金门。但清政府不允许他们继续占领这两地，结果谈判未果，舰队无功而返，回到巴达维亚。

这场有记载的杀戮灾难过后，福建省多年太平，开始重整旗鼓，繁荣兴旺起来。接下来的一场灾难便是英国人占领厦门这一值得记载的重大事件。正是困扰英国人多年的积压已久的怨气引发了这场灾难。1837—1840 年，英国在广东进行鸦片贸易，最终却导致大量麻烦与纠纷，于是正如事先所预料的，导致战争爆发。1840 年 6 月 23 日，英国海军和陆

---

① 郑克塽。——译者

军的先头部队抵达澳门（Macao），宣布封锁广州。舰队司令伯麦爵士（Commodore Sir Gordon Bremer）在载炮 74 门的旗舰"威厘士厘"号（*Wellesley*）上指挥舰队驶向北方，舰队包括 3 艘战舰，4 艘轮船和 21 艘运输船。7 月 5 日攻陷定海（Ting-hai）。6 日，一起担任全权代表（joint Plenipotentiaries）的海军统帅懿律（G. Elliot）爵士和皇家海军（R. N.）舰长义律（Elliot）①，乘坐载炮 74 门的"麦尔威厘"号（*Melville*）到达舟山（Chusan）。他们将英国外交大臣巴麦尊勋爵（Lord Palmerston）给皇帝的信函副本交厦门和宁波当局转呈北京政府，信中陈述了英方抱怨的理由，然而厦门、宁波两地都不肯承担这样的责任。英军发现这两座城市的中国人正忙着修筑堡垒，制造木筏，排兵布阵，准备防

①　懿律（George Elliot，1784—1863）是义律（Charles Elliot，1801—1875）的堂兄，两人分任鸦片战争时英国侵略军的正副全权代表。——译者

御。① 于是，厦门立即遭到封锁。英方的行为引发了中方对一艘英国封锁船的进攻，但未成功。此时，为有效御敌，中方全力修筑坚固的堡垒和防御工事，并规定，如能砍下那些"逆夷"（rebellious barbarians）的头颅或捕获他们的船只，就可得到丰厚的奖赏。14 个月后，英方与钦差大臣（Imperial Commissioner）、直隶总督（Governor General of Chihli）琦善（Kishen）在大沽（Taku）和广州的所有谈判都毫无成果，皇帝依然继续敌视英国人。穿鼻（Chuenpi）、大角头（Taekotan）、虎门（the Bogue）和上横档（the First Bar）的堡垒，以及在海洋与广州之间的每一处堡垒、木筏、炮台、营地、栅栏都或毁于一旦，或被英国人占领。广州城完全被英军控制，于 1841 年 5 月 26 日或 27 日支付英军600 万元赎城费。中英双方刚达成停火协议，30 日，1500 名村民和溃散的中国军队便向英军发动了一次进攻。村民们对

---

① 卫三畏：《中国总论》（*Middle Kingdom*），第 529 页。卫三畏（Samuel Wells Williams，1812—1884），美国传教士，汉学家，参与了裨治文主编的《中国丛报》的编辑工作。1848 年出版的《中国总论》，是美国第一部关于中国的百科全书，标志着美国汉学开端的里程碑，于 1883 年修订。——译者

英军的威胁与日俱增。英国陆军总司令郭富（Hugh Gough）爵士通知广州知府（the Prefect），如果不能立即驱散这些人，他将下令炮轰广州城。钦差、知府的劝诱，加上一名英国官员的帮助，终于使民众撤退。同时，皇帝的一个侄子，大将军（chief generalissimo）奕山①（Yih-shan）却讳败为胜，并以将英军赶出广州为由，为自己的部队授勋。他受英军胁迫，率领自己的部队撤出广州城外 60 英里，后将其遣散。战争期间，广州的贸易往来并未中断，税费正常上缴，如同两国之间没有交战一样。为夺取厦门并打算在浙江进行军事活动的英国远征军，于 1841 年 8 月 21 日离开香港。由于一年前，带有给北京信件的"布朗底"号（Blonde）到过厦门，表明"似老鼠般出没鬼鬼祟祟"的夷人，知道这个所在，因此人们预料到厦门会遭到袭击。于是，防御工事进一步得到加固，俯瞰港口的每座岛屿和防护的陆岬都派兵驻守，修筑工事。然而这些措施毫无用处，《中国丛报》第十卷描述了 1841 年 8 月 26 日厦门沦陷的情况：

---

① 道光皇帝任奕山为"靖逆将军"。——译者

夺取厦门主要是一次海上行动，英军陆军为数不多的行动都由皇家爱尔兰兵团第 18 团（the 18th Royal Irish）负责。当英军舰队刚刚接近厦门炮台的时候，一艘载着白旗的中国船就靠近"威厘士厘"号。一名初级军官，送来一封信件，打听我们的舰队需要什么，并指出，假如不是为了通商，就应当在激起圣怒、用大炮消灭我们之前，离开厦门，驶向外海。一排排的工事令人心惊胆战，众炮台也构建起来。炮手都是欧洲人，无人能敌。英国舰船 4 个小时不停地向这些工事开炮。"威厘士厘"号和"伯兰汉"号（Blenheim）各自发射了12000 发以上的炮弹，更不用提那些护卫舰、汽船和小艇的火力。然而这些工事在袭击终止的时候，与战斗开始时一样完好无损，炮弹穿透力可达 16 英寸。一时间炮弹横飞，战火交织。轮船各侧冒出的火光和烟雾异常恐怖，炮击丝毫没有减弱的趋势。20 至 30 人在这次大规模炮击中丧生。18 团登陆炮台时已经接近下午 3 点，随行的有郭富爵士及其随从人员。他们在一座高墙附近登陆，这座高墙位于炮台主线一侧，被汽船"皇后"号

（Queen）和"弗莱吉森"号（Phlegethon）所遮掩。侧翼部队很快就夺取了这座高墙，冲到敌人面前。他们打开一扇大门，我们的后续部队正是从这扇大门进入炮台。接着他们向着炮台进发，很快就肃清了敌人，2分钟之内歼敌无数，比舰队一整天消灭的敌人还要多。我们军队中3人阵亡，伤者若干。一名（中国）军官在长列炮台①上割喉自杀，另一名军官则纵身跳入海中，"以最冷酷的方法"自溺身亡。敌人四下逃散的速度和我们部队的进发一样快。我们尽量在晚上露营，第二天上午畅通无阻地占领了这座城市。许多财宝已经被抢走，仅仅留下了装珠宝的箱子。军械库发现了大量的军事储备，铸造厂还能正常运作。一艘仿我们式样建造的、载有30门大炮的双层甲板船准备出海，其他船只还在建造中。但是这里并未停泊什么战舰，此时也不见中国的舰队司令与他的战舰。在这次交锋中，汽船"弗莱吉森"号受到重创。在它突然转向时，靠近了一个伪装的炮台，于是炮台上的排炮在它靠近时，朝它开火。幸运

---

① 中国称其为"石壁炮台"。——译者

的是，水深足使这艘船靠岸登陆。舰长麦克雷弗提（McCleaverty）让部队立即登陆，直接向炮台进发，将它拿下，并消灭了大部分驻军。这一战大大鼓舞了士气，赢得了普遍赞誉。

郭富爵士这位英勇的老激进派认为中国人的抵抗比他所预想的要"更加软弱"，但据其他人记载，"中国人的确英勇御敌"，并坚守他们的阵地，直至被后面包抄而来的英军步兵打死。进攻部队包括"H. B. M. S. 皇后"号、"西索斯梯斯"号（Sesostris）、"布朗底"号、"都鲁壹"号（Druid）、"摩底士底"号（Modeste）、"班廷克"号（Bentinck）、"威厘士厘"号和"伯兰汉"号，由7艘以上的战舰和15艘运输船支援，船上载有18团和55团的士兵，以及带着工程师和炮兵的49团与26团的分遣队。那位"以最冷酷的方式"跳入海中自溺而亡的中国将领是一名总兵（Tsung-ping）①。当时水师提督窦振彪（Tao-chin-pin）刚好离开口岸向北航行，由于逆风不能回航，因此无法到场，由他代理指挥。在给皇帝

①　金门镇总兵江继芸。——译者

的一份奏章（memorial）中，这位总兵被描述成在英国军队登陆时为反击英军，掉入水中溺死的。据记载，其他 4 名将领包括副将（Colonel）凌志（Sing-chi）、把总（lieutenant）纪国庆（Hwa-kwo-ching）、杨肇基（Yang-shan-chi）和李启明（Li-chi-ming）被杀，两名游击（lieutenant colonel）和一名都司（major）受伤。据报道，士兵死伤惨重。中方被索要了 300 万两银子（taels of silver）（合 100 万英镑），供英军使用。

英军来袭时，当时的闽浙总督（Governor general of Fuhkien and Chekiang）颜伯焘（Yen-pih-tow）正在厦门，他在给皇帝的一份奏章中，根据自己的想象对 1841 年 8 月 28 日厦门陷落的情况给出了一番与实际情况不同但高度可信的说法。这位勇士叙述了他如何带领自己的无敌将士进攻敌人，击沉 1 艘汽船和 5 艘战舰，杀戮逆夷无数。但是（正如奏书中他自我吹嘘），他杀敌越多，敌人却越多，因此需要在与敌人相反的方向进行一次战略推进。这一行动看似机敏而迅速，但却被后人认为是逃跑。行动中，他的官印被抢救出来，只是官署后来被暴徒纵火焚毁。他小心谨慎，对 500 门大炮、武器储备和船只的损失避而不谈。此外，他补充道，由于 100 多个村庄已经团结起来，集结 1 万名战士准备参战，在这种情况下事情不宜久拖不决。他从此事中发现，在中国每发生一些事情，总会伴随着一些不可避免的需求，因此他向朝廷提出拨银 300 万两。然而，由于厦门再次陷落，皇帝将他解职，但饶他一命。因此英国军队撤离厦门似乎也是他想象出来的。

刻在贝拉米（Bellamy）码头一块石头上的林懋时（Lin-mao-shih）的铭文中记载，这些长炮于天启（Tien-chi）三年即 1622 年①正月，约 1622 年 3 月由李逢华（Li-kung-hwa）上校所立，能够长久使用，用来抵御蛮夷入侵（这些蛮夷大约指日本人、荷兰人和中国海盗首领郑成功）。长炮要求铸成 50 丈（chang）长，这位勇敢的上校如果这么做，将会得到 19 两银子（约合 6.68 英镑）的奖赏。此外，铭文还指出，他被迫自掏 100 多两银子来完成这个炮台的修建。为何这样的一个说明会刻在石头上不得而知。就这一花岗岩工事的广度和厚度而言，修筑它必定花费了将近 119000 两银子，而不

---

① 1622 年应为天启二年。——译者

是 119 两。

　　此前，英军采取了一些敌对措施。1840 年 7 月 2 日，战舰"H. M. S. 布朗底"号中的一艘舰船插上一面白色休战旗，携带外交大臣巴麦尊勋爵给皇帝的信驶往中国，但在提交信件之前，清朝军事当局对其傲慢地威胁侮辱，禁其上岸。它听从禁令，但却受到炮击。这一背信弃义的肆意妄为之举立即遭到了英军的报复，护卫舰对人群发动了几轮 64 发炮弹的袭击，引发了军民大逃亡。接着，"布朗底"号又向清军堡垒和一些战船开火。交火持续了将近两个小时，直到堡垒屋顶被掀翻，损毁严重。"布朗底"号还企图向一艘大船开火，因未取得成功而作罢。考虑已经给了清军足够的教训，"布朗底"号安然离开，未造成进一步的伤亡。同年 8 月，英军"鳄鱼"号（Alligator）和"布莱玛"号（Brœmar）在外港击沉了 16 至 17 艘战舰，造成中国人大量阵亡，但它们自身也遭到炮台的数次袭击，一艘战舰主桅横梁被击断，船体被击中，英舰随即撤退到射程之外。

小刀会叛军、厦门沦陷

随后，1842 年签订的《南京条约》（treaty of Nanking）要求开放通商口岸。1843 年 11 月 2 日，记里布（Henry Gribble）先生出任厦门的英国领事（British Consul）。随后 11 年间，港口贸易逐渐发展，尚无重要事情值得特别记载。直到 1853 年 5 月 14 日这一天，官员们都知道，距厦门 22 英里的海澄县（Hai Ching Hsien）有 3000 至 4000 名武装分子正出发准备袭击厦门。18 日上午 8 点，一队人马进发至城门前，朝城墙上的士兵开火，遭到还击，双方交火断断续续。下午 1 点，城内官员和士兵逃走，4 点，4000 名装备简陋的人员与相同数量的厦门暴徒会合，几乎未遭抵抗地拿下了这座城市。这些叛乱分子行为节制，颇有纪律，抢夺的仅仅是一些火药库和军械库，并未对私人财产造成伤害。入城之后，他们在城区布置巡逻队，制止抢劫。晚上，他们派驻一名卫兵守卫外国商行，同时向外国人表达了和平的意愿。港口没有任何战舰，外国居民的安全保障任务移交给怡和洋行（Messrs. Jardine, Matheson & Co.）和宝顺洋行①（Messrs. Dent & Co.）的收容舰，这些船只一听到危险的消息就开往内港。奇怪的是，这一行动后来遭到般含②（George Bonham）爵士的反对。19日，叛乱队伍未耽搁任何时间，即被派遣前往夺取泉州和台湾。叛军向厦门市民征收财物，为自己的行动提供保障，令民众深感厌恶。一个富有的商行被强征共计4万元。现在让我们看看这个迅速控制厦门的队伍的本质。它就是"小刀会"（Hsiao-tao-hui）。这个秘密组织在爪哇、新加坡（Singapore）、马六甲（Malacca）和槟榔屿（Penang）的中国人里存在了许多年，表面的目标是互助互济。它的成员来自各个阶层，他们必须严格遵守小刀会的规定，据说海

---

① 怡和洋行（Messrs. Jardine, Matheson & Co.）和宝顺洋行（Messrs. Dent & Co.，又名颠地洋行），是19世纪在华最主要的英资洋行，主营业务为鸦片、生丝和茶叶。——译者

② 般含（Samuel George Bonham, 1803—1863），英国东印度公司及殖民地官员，1848—1854年任第三任香港总督，并兼任驻华全权公使等职。——译者

盗成员在外海遇到贸易船只，只要船上人打出小刀会的手势，他们都会欣然接受，允许这些船只顺利通行。小刀会起初叫作"三合会"（San-ho-hui），它也曾经被巧妙地译作 the Traid Society。"三"指的是天（tien）、地（ti）、人（jen），根据中国人对宇宙的理解，这三者是自然的三大力量。乾隆（Chien-lung）统治时期（约 1795 年），它改称"天地会"（Tien-ti-hui），开始具有政治性，传播广泛，权力庞大，严重威胁君王政府的统治。8 年后，小刀会这条巨蟒受到重创，但并未完全消亡，它的许多成员遭到抓捕和处决。

　　这个组织或它的一个支派于 1848—1849 年，由一名叫陈庆真（Tan-keng-chin）的新加坡华人引入厦门，他是受雇于怡和洋行的一名买办。这个组织迅速扎根，1857 年成员发展至几千名。此时，地处福州的省政府对其产生怀疑，便派一名官员前往厦门调查它的性质并进行镇压，这名官员是一名完全反对外国的老道台（Taotai），姓张①，同时他也作为一名委员（Wei-yuan）为两广总督林则徐（the Governor General Lin）服务。林总督在英国人交出 20291 箱鸦片后，于 1839

---

　　① 福建分巡兴泉永海防兵备道张熙宁。——译者

年在广州将其销毁。张姓官员的首次行动就是以密谋叛乱罪名逮捕陈庆真，唯一指控他的证据就是在他房间里发现的足以证明他罪状的一本书，内含这个组织全体成员的名字和地址。为了让他交代更多详情，张姓官员对陈庆真施以非人的折磨。同时，当英国领事听到陈庆真这名英国国民①被捕，便在另外 3 名先生陪同下，来到道台的衙门（Yamen），要求引渡陈庆真。虽然据说陈庆真在衙门后面受到严刑拷打，但是领事却被告知他在海防厅（Hai-fang-ting）那里。在海防厅，领事又被告知陈庆真在道台那里。最终，他没能成功带走陈庆真，陈受尽折磨而死。第二天早上，人们在已经开门的怡和洋行发现他的尸体，衣着和平时一样，坐在老板房门对面的轿子里。此时，这个组织的领导权落到了一名叫黄位（Hwang Wei，方言发音为 Ng-wee）的人身上，他出身卑微，精力充沛，性格刚烈。当时，厦门住着一名叫黄德美（Hwang-te-mei，方言为 Ng-teck-bi）的商人，家境富裕，品德高尚，乐善好施，在穷人中特别受欢迎。他曾被迫担任漳

① 陈庆真出生在英属殖民地新加坡，因此属英国国民。——译者

州府和泉州府辖区食盐专营商（salt monopolist）一职，这个职位令人生畏，因为任职者必须每年退还给盐政（the Salt Commissioner）一笔固定数额的钱，这一数额远比他能够征收的多得多，〔盐政本身和户部（Board of Revenue）官员的职位相当，通常被迫担任这一职位的都是本地最富有的一名商人〕。据说，这一职位令黄德美损失高达 80 万元。这些现实深深刺痛了他。当政府再次要求他担任盐业专营商时，他便加入了小刀会，尽管为我提供消息的人并未承认此事。不管怎样，他肯定向这个组织捐了钱，并与黄位关系密切。黄位抓住政府再次想将这一令人厌恶的职位强加在黄德美身上的机会，使这位有影响力的富人坚定地加入了这个组织。约 2000 人现在以小刀会成员自称，在黄位出生的沈宅（Gin-tai）村起义，并宣称他们试图为黄德美辩解（黄德美总是表示，自己并未同意参加小刀会，此举有违他的本意）。他们继续进发，夺取了海澄县、石码（Chioh-bei）、漳州府（仅占领了 3 天）和厦门。抵厦不久，人们发现这个组织成员约有 8000 人，由一个 6 人的委员会控制，其中 3 人为新加坡华人，头领是黄位。许多副职，如百人队队长（centurions）、十人队队长（leaders of ten）也都由新加坡华人担任。士兵的薪俸为每人每天 100 文铜钱（cash），约合 5 便士。正是这支部队占领厦门并将其控制到同年的 11 月 11 日。5 月 29 日，一支清军舰队驶入厦门港，500 至 600 名士兵登陆，并向城里进发。他们遭到这些叛军的抵抗。一场小规模冲突后，他们被赶回船上，只得立即撤退。叛军将这次大败敌军看作是吉兆，他们士气高涨，人数迅速增加。为扩大征服范围，他们积极备战，要求征用在占领厦门期间从军械库里偷来的储备品和弹药，并许诺给予补偿。叛军头领黄位发布镇压动乱与实行赏罚的告示，宣布任何违法行为都会被判处死刑。当时，他以汉大明皇帝（the Emperor of the Han Ta Ming dynasty）敕授的"平闽统兵大元帅"（commander-in-chief of the forces for the conquest of the Fuhkien province）名义来统帅军队。为了表示他执行这些告示的决心，第一名犯法者——一名受过教育的知县（Chin-kien）由于言语不慎立遭斩首。7 月 4 日，4000 至 5000 名清军在距厦门东北部 10 英里处登陆。叛军在距他们 6 英里处清军的进发据点设置路障。7 日，清军继续逼近，一场混战后清军败退，损失兵士 18 名。同日，约 42 艘清朝战舰出现在港口，袭击了 24 艘叛军战舰。2 小时战斗后，根据目击者的估计，清军的炮火几乎没有击中目标，于是清舰离岸向六岛（six Islands）驶去，叛军回港。次日清晨，叛军战船开往六岛，与清军交火。为了避免双方伤亡，这次战斗双方相距甚远。第二天清军离开。这段时期，由于叛军金库缺乏税收来源，他们便试图通过向港口征税来筹集资金。由于这个告示和税费标准表述奇特，恕我冒昧，在此处插入对它们的翻译：

> 黄位由汉大明皇帝敕授为平闽统兵大元帅。
>
> 我，作为大元帅，受命引导商船，接圣旨前往厦门拯济人民而非伤害他们，镇压叛乱而非为非作歹。清军的所作所为令全体人民蒙难，长期以来商人也遭到清军的残害。天下百姓向天地神灵昭告自己的清白。
>
> 我们缺乏一个比军务更为重要的港口新规，在此紧迫时刻，时间也不容你们自行订立。在此，我依照以前有效实施的针对商船运输的规章，起草一份简章。与清贼强征的港口税相比，这些税收将大大降低。我的主要

目的是为人民争取他们的利益。因此，我通告厦门商船，所有参与进出口贸易的船只，只需适当提供通行证或文件，便能不受妨碍地进出港口，来回航行。

附上暂定的税费标准，人人都必须遵守。

税费从癸酉年（kwei-chow）农历五月二十七日（1853 年①8 月 1 日）开始征收。

厦门港税费标准

1. 龙溪（Lung-kee）、同安、海澄、马巷厅（Ma-siang-ting）、晋江（Tsin-kiang）、南安和惠安的船只，发往台湾的鹿港（Luk-chow）、淡水和五条港（Woo-tiaou-kiang）装载豆腐、油、大米等货，来厦进出港需要支付如下费用：货物重量介于 2000 担（picul）至 4000 担，征收 60 元；1000 担至 2000 担，征收 30 元。

2. 龙溪、同安、海澄、马巷厅、晋江、惠安和南安的船只，在厦门装糖等货，发往天津（Tientsin）、锦州

---

① 　1853 年应为"癸丑年"。——译者

（Kin-chow）、盖州（Kai-chow），或山东（Shantung）胶州（Keiou-chow），回厦出入港，每艘船只需征收50元。

3. 龙溪、同安、海澄或马巷厅的船只，从厦门驶往乐清（Tae-tsing）、温州、台州、宁波、上海并返厦，每船每次征收14元。

4. 龙溪、同安、海澄或马巷厅的船只，从厦门驶往台湾任意港口，并从那里出发到天津、锦州和盖州，或山东胶州并返厦，每船每次征收100元。

5. 晋江、南安、惠安的船只，从厦门驶往台湾，并从那里继续驶往天津、锦州和盖州以及山东胶州，并返厦，每船（进出港）每次征收100元。

6. 云霄（Yune-siao）、漳浦（Chang-poo）和诏安（Shao-an）的船只，装载豆腐、油和大米等货，由台湾港口驶出返厦，每船（进出港）每次征收50元。

7. 云霄、漳浦、诏安的船只驶出厦门，从上海、乍浦、温州（Wan-chow）、台州或汕头（Chan-tou）、樟林（Chang-lin），装载外国货物与各类杂货返厦，每船（进出港）每次征收20元。

8. 云霄、漳浦和诏安的船只，载有蔬菜、香料、盐、鱼干、咸鲳鱼、鲱鱼等货进出厦门港，每船征收 10 美元。

9. 厦门本地与附近地区船只驶往福州，经由宁安（Ning-an）或宁德返回，每船每次征收 10 元。

10. 邻省的玉环（Fuhwan）和三盘（Sanpwan），或乍浦的乌艚（Woo-tsaou）和台湾澎湖的尖艚（Teen-tsaou），以及所有省外船只，进出港每船征收 20 元。

11. 东石（Tung-shih）、漳江（Tsen-kiang）和澎湖岛的何厝（Ho-koo）船只进出港，每船征收 20 元。

12. 广州与樟林的沿海贸易船，装载外国货物和各色货品，进出港每船征收 20 元。

13. 这个港口参与对外贸易的船只与红头舲（Hung-tow-ling）（船头为红色），根据旧的税收需要征收 1000 元，但遭夷人（barbarian）侵扰之后降为：载有 5000 担以上货物的船只征收 500 元，5000 担以下征收 250 元。

14. 厦门本地船只与新加坡或国外其他地区的船只进行贸易，需付进出港费用，每船的港口税费根据以下

税率执行：即每艘三桅船征收 300 元，2.5 桅船征收 200
元，双桅横帆船或双桅纵帆船征收 150 元。

此时叛军已占领厦门长达 4 个月，外国人依然按照他们
自己的习惯，整日在城里骑马散步，却也没有发生任何侵扰
事件。9 月 9 日，得知清军的一支大型海军舰队和地面部队
即将到达厦门，外国船只便撤出了港口，并在鼓浪屿
（Kulangsoo）岛后占据了一个中立的安全位置。清军的舰队
和地面部队延迟 3 周左右才到达，随即开始一系列的军事活
动。叛军主要使用火绳枪在百步开外作战，并埋伏在堤防、
岩石后面，人员伤亡较少。清军则在他们舰队枪炮的支援
下，取得了白天作战的优势。夜间，双方并没有为获得战略
优势而采取夜袭、突袭以及野蛮进攻等阴暗手段，而是都按
时退回自己的地盘，以享受一晚的清静。9 月 12 日，清军舰
队出动，地面部队向城市进发。由于风势减小，大潮退去，
舰队只得抛锚，地面部队明显战败，部分营地落入小刀会手
中。15 日，清军统帅下令全舰队共 70 艘战舰攻击叛军舰队
（约 15 至 20 艘战舰）。这次进攻本来无疑十分成功，但在

交战过程中，清军仅得到三四艘战舰的支援，其余船只无视清军统帅的行动信号，未发一枪一炮。次日，战局仍未改变。双方在陆上、海上持续战斗，各有胜负。实际上，清军正取得稳步的胜利，他们坚持实施看似笨拙却很实用的惯用战术，即通过不断的骚扰和小规模进攻来消磨敌人的斗志，直到他们丧失信心，不再服从于统帅，最终引发军队的混乱、瓦解和逃跑。这样清军就能长驱直入，兵不血刃。11月11日，清军最终达到这一目的。前夜，双方的炮火更为猛烈，破晓时分，一些叛军的船只横七竖八地倒在河里，大批载满人员的小船开始启航，不久便会同大船一起在水中航行。此时，清军舰船开始行动，追上它们并与之交火。清军意识到叛军首领前夜已为弃城做了准备，因此地面部队于拂晓时分向城市进军，发现无人抵抗，便登上城墙。厦门再次落入清军手中。随即城内一片恐慌，成百人试图乘坐各种船只逃跑，有人乘木筏，有人坐木板，还有一些人甚至用门板做船准备逃跑。许多人本想游到对岸的鼓浪屿岛，但却溺亡。据说，乘舰队逃跑的黄位此时住在西贡（Saigon）。他的将领黄马义（Ma E）和王泉（Wen-kuan）带着战舰里的大部分将士实施撤退，其余那些可怜虫则遭到一场令人发指的无情屠杀。男人和男孩 20 人一批，被带到外国商行对面的码头旁砍头，他们的躯体跌落在泥地里。整个屠杀过程十分漫长，他们遭到剑、锚钩、矛和棍棒的打击，像老鼠一样被一批批处死。舰船上也进行着同样可怕的杀戮，整个港口尽是残肢断臂，有些躯体仍在挣扎，其中许多人还只是 12 岁的男孩。（这里我是引用一个目击者的话）这一惨绝人寰的行为从早上一直持续到下午 3 点。此时，现任英国领事（Her Britannic Majesty's Consul）巴夏礼（Harry Parkes）爵士，完全不顾风水（Feng-shuey）的忌讳和干扰公务的非难，告知他曾经恳请过的官员们停止这些暴行，他将不会允许残杀继续发展下去。这位基督徒绅士强有力的话语得到了英军"H. M. S. 赫尔默斯"号（H. M. S. *Hermes*）和"比腾"号（*Bittern*）的支援，使当时的大屠杀得以停止，尽管第二天，城市西北部远离欧洲人房屋和船只的地方，仍然进行着血腥屠杀，但他们的行动一定已经挽救了上百人的生命。

黄德美试图逃跑，但他的亲戚却将其扣押并交给清政府官吏，可以想象他必死无疑。

太平军残部对漳州府的攻陷

　　小刀会被镇压后仅 11 年，又一场叛乱就像枯萎病一般席卷了这个地区。1864 年 10 月 13 日晚，没人料到灾难会发生。14 日早晨，从石码出发的路过船只运送了许多受伤的男人、妇女和儿童。有消息称，距厦门 24 英里、人口 70 万、拥有高大城墙的漳州府，遭到一帮叛乱分子的猛攻，并被攻陷。人们笼统地称其为"红头"（Hung-tou-hui）和长毛（Chang-maos），他们来到这里，但无人知道他们来自何处，省内还是省外，也无人知晓他们的首领是谁。这一富饶的城市几乎未做任何抵抗，就落入了一群仅配有抬枪（gingalls）、剑、手枪和长矛的人手里。清军方面唯一伤亡就是一名镇台（Chen-tai），被射杀在椅子上。道台、同知（Sub-prefect）和指挥官（Colonel commandant）都逃到了附近村庄。那些不能或不愿丢下他们财产的居民受尽折磨，上千人不论男女老少，无一幸免。城中几处被焚，北面，叛军的暴行不断发生。天天都有大量伤员送来，大部分都是被刀剑砍伤，许多人颈后都有深深的裂口〔说来也怪，这些伤口虽然暴露在外面，沾满灰尘，但看上去都无大碍，随后大部分伤者在琼斯（Jones）医生的中国医院里被他很快治愈。〕这些伤者说他们被带去斩首，但刽子手都是男孩，因此他们带伤逃跑，由于受伤，他们有的昏倒或装死，直到夜幕降临才找到机会偷偷离开。许多伤者都是罗马天主教皈依者和西班牙神父，他们的牧师四处筹集捐款以满足他们临时的需要。接着，这些伤者真诚的奉献使他们得到了这里外国人的敬重。随后，他们又赶往漳州府附近地区救济和营救他们的人，甚至与其共亡。同时，有传言警告说漳州府以南60英里的云霄城陷落，许多人口稠密的大村庄被占领，叛军打算向德化（Teng-hwa）进发，并进攻泉州、厦门和福州。距此处16英里的德化民风彪悍好斗，他们烧毁了漳州叛军获得的财富（据传言称总值高达2000万元），并据说欲与叛军结盟。这些传言引起在这里的中国人恐慌，但没人提出要抵抗，只谈到如何逃跑。富人租用船只准备立刻逃跑。相当肯定的是，如果此时两三百名果敢的人向这座城市猛冲过来，城中 35 万居民将几乎不会进行任何回击，以保卫他们的城市。这里统治者的无奈和故作软弱，以及他们的制度在紧急情况下明显的一无是处，真是令人痛心。他们所采用的防御措施仅仅是集结几百名携带生锈的锚钩、三叉戟、火绳枪、旗子和其他过时武器的民兵，分发给附近两三个村庄 600 两银子的补助，并向城里的恶徒每人每天分发一根棍棒以维持秩序。当时的恶徒也像现在这样数量众多，令人生畏。对于保卫这座城市，统治者真正信赖的是当时恰巧停泊在港内的英国 H. B. M 测量船"燕子"号和"鸽子"号（H. B. M. Surveying vessels *Swallow* and *Dove*）。外国人并非毫无企图。夜里，志愿者和一支雇佣的巡查队在鼓浪屿和定居点进行巡查。海关雇员中挑出人员，组成了一支约 25 至 30 人的小分队，并接受长官（即本文作者）的训练。求助信发往香港，很快得到明确的答复，H. B. M 炮艇"两面神"号（*Janus*）和"火焰"号（*Flamer*）被立即派出，"鸨"号（*Bustard*）也随即到达。来自福州的海军中校塔克（John Tucker）一听说这座城市受到威胁，便自作主张派遣他的舰船到达此处，后

来载有 22 门大炮的 "H. B. M. S. 佩洛勒斯"号（H. B. M. S
Pelorus）也碰巧到达，这些部队也许能保障这座城市的安
全。这艘舰船随后炮击了附近动荡不定的潘涂（Pan-too）、
官浔（Kuan-hsune）和杵头（Choo-tou）等村庄，在搜寻海盗
的同时向叛军船只开火，给叛军以重大打击。同时，受福州
海关税务司美理登（Baron de Meritens）指使，上校马胆（de
Mercy）手下的 100 名福州中法联军（Franco-Chinese force）
将士携带两门大炮，被清军将领派遣到海关武装巡洋舰"文
德克斯"号（*Vindex*）上。之后，这支部队又装备了两门野
战炮，本来可以取得很好的战绩，但由于它的存在引发了统
治者内部的矛盾和嫉妒，几周后这支部队只得返回福州。曾
提督①（Ti-tu）（Tsen）指挥的来自台湾的部队，与郭提督②
（Kwo）和王提督③（Wang）领导下的来自北方的部队也到
相继到达，并被送往漳州邻近地区。一场对这座城市三面的
长期艰苦的封锁就此开始，攻城者同被围困者频繁交战，互

---

①　曾玉明。——译者
②　郭松林。——译者
③　王德榜。——译者

有胜负，以下描述很好地记载了这次战斗情况——

2月25日，2000名叛军趁着雾气袭击了长洲（Tang-chou）（石码城以北5英里），但却被曾提督、郭提督和王提督的部队击退，伤亡惨重。

这次击退主要归功于长洲村民的判断，他们通过摧毁一座桥梁使叛军受困，获得了如下战果：俘获76人，砍下头颅254颗，割下耳朵231片，辫子无数。应该提到的是，所有村民的行为和城市居民大相径庭：他们十分忠诚，并愿为自己贫困的家园而战，在切断通路、开闸泄水、破坏桥梁方面展示了极大的智慧。他们正是通过这些行动将叛军置于窘迫境地。漳州府的叛军里有十多名外国人，为首的是一名叫罗迪（Rhody）的普鲁士（Prussian）人，他某个时期曾在英国军官戈登①（Gordon）手下任上校。此人成功地与另一名叫杰拉德（Gerard）的普鲁士零售店主以及一名在厦门的瑞典人建立了联系。这位瑞典朋友拜访了他和他的伙伴，并提供了他们的生活必需品。这些交往虽然是暗中进行，但已为

---

① 戈登（Charles George Gordon，1833—1885），英法联军统帅，1863年任"洋枪队"指挥。——译者

这里当局所知，成为政府不安的原因之一，尤其是后来一些外国人加入了叛军。其中有一名叫舍尔（Patrick Shiel）的海关监察员，曾经是香港的一名水管工，也参与了炮弹制造。最终，这个人与他的大多数同伴一样，成为他们雇主怀疑的牺牲品，悲惨地死去。为了禁止这些交往，并阻止被叛军引诱到这里的 60 名来自上海和宁波的外国暴徒加入叛军，海关的三桅帆船"江河"号（*Kiang Hoo*）驻扎在通往漳州府的一条叫亭头（Tin-tou）河的一狭窄处，武装军舰也驻扎于白水营入口处和通往同一方向的其他地点。这些措施卓有成效，身着海军制服，挥舞英国国旗（the Union Jack）或海军预备队旗帜（Naval reserve ensign）〔这些旗帜是在 2 月 25 日塘浦（Tang-pu）的一次叛军进攻时从外国船只上夺取的〕再也不可能通过清政府防线。驻守在白水营的舰船首次就捕获了 3 名美国人〔其中一人是将军华尔①（Ward）的侄子〕和 1 名中国叛军军官。他们于夜间在一艘舢板上被捕，船上载有武器和一面叛军旗帜，一场激烈的战斗过后，两名中国

---

① 华尔（Frederick Townsend Ward，1831—1862），任镇压太平军的"洋枪队"第一任队长。——译者

士兵受伤。本文作者此时刚从漳州府城墙前的清军营地访问归来，回到石码已是晚上11点，那时便听说这些俘虏已被带到石码，由于害怕他们的生命遭遇危险，便让人起草了一份信件给关系甚密的曾（Tseng）道台，信中急切要求不应伤害俘虏，并要求允许列席他们的讯问。要求起草后次日，这些人在石码的政府衙门受到审问。首先，中国叛军军官屈膝下跪，冷静地供述了自己的经历，并对自己的罪行供认不讳，他很清楚每一项罪行都足以将自己置于死地。道台奇怪地从桌上递给他甘蔗和蛋糕，他默默地咀嚼着。接着，外国人被分开审讯。记录下他们的供词后，又对他们进行共同审讯。其中两人的行为粗野无理，令人无法忍受，串供相当明显，供词错误百出，以至道台几次在桌下碰了作者的膝盖，做了一个简短明确的剁的手势。最后，当听到一个破绽百出的证词时，他跳起来说："如果这些人的耳朵能够听见他们嘴巴所说的话，他们一定知道自己是骗子。"接着又做了那个意味深长的手势。作者完全醒悟过来，便告诫这些人，自己到这里是为了尽力帮助他们，但毋庸置疑，自己和他们一样软弱无力。官府的一个命令已经下达到聚集在房间里的大批士兵和衙门人员那里，将在援助人员来到之前执行，同时，郑重地警告他们那些行为的愚蠢和危险。这场演说对所有人，尤其是小华尔起了作用，他流泪承认了他们正是在准备加入叛军途中被捕等，后来又恳切地要求不要将他们扣押在衙门里。于是本文作者成功地将他带走，并得到官府不会伤害其他两人的承诺。这3人后来被送至上海美国总领事馆（the United States Consul general at Shanghai）处理。2月13日，占领这座城市4个月之后，一个官方团体，包括前面提到的被留在炮艇"火焰"号上的杰拉德，访问了漳州府。他们受到叛军的良好接待，于15日返回，并带回了一名叛军军官，他待在"佩洛勒斯"号的甲板上直至19日，令中国人惊慌失措，因为他们认为看到这种情况的时候，会以为英国政府的意图是支持叛军。但此人被一名绅士认出是他在香港抬轿的苦力（coolie），于是此人于19日被送回"火焰"号，紧张气氛得以缓和。杰拉德的名字将不会再被提起，因此最好指出，此后不久，在他离开祖国独自访问漳州时，被驻守一个城门的叛军残酷地杀害。1865年1月14日晚6点，住在海关的一名语言学家注意到房内仆人十分兴奋。通

过询问，他发现有一名相貌英俊的老人前来拜访，此人自称
陈金龙（Chen-chin-lung），带着他的结拜兄弟即漳州府叛军
首领侍王（Tze-wang）李世贤（Li-sze-hsun）的一封信给厦门
海关。英国领事和海关行政长官都被平民称为海关，因此他
错把海关当成了领事的住所。这位语言学家的解释也没能让
这位老人明白过来，但他依然像对待所有有教养的中国人一
样，对其以礼相待，最后请这位老人在他城里的房子一同进
餐。这种老套的诱饵就像邀请英国乡下人去玩九柱戏和打牌
一样，让人难以拒绝。陈金龙接收了邀请，半小时后来到道
台衙门。很快，海防厅（地方行政长官）被传唤，简短的审
讯之后，陈金龙被斩首。1865 年 5 月 13 日，美国人白齐文
（Burgevine）来到"谢尔曼将军"号（the General Sherman），
他是前驻上海的清军统帅，后来成为苏州叛军首领。3 个月
前，此人已被上海美国总领事驱逐出境，因此他此行来厦的
目的也相当明显，于是有人要求厦门的美国领事埃尔文
（Irwin）先生将其逮捕。领事为了消除人们对他的疑虑，便
签发了一张保证书，宣称其为美国公民。这张保证书被带到
"谢尔曼将军"号，当时有理由相信白齐文就在船上，但船

主不许上船搜查。后来有人为此申请签发搜查令，毫无疑问，领事以充足的理由拒绝签发，遗憾的是，白齐文依然未被逮捕。14 日，据称白齐文和一至两名其他外国人做好准备要加入漳州府的叛军。驻扎在当地的清舰指挥官接到命令，严格盘查试图过河的每只舢板，以防止物资供应和人员到达叛乱城市。结果，当晚，白齐文和一名叫克莱恩（Crane）的英国人被发现藏身于一艘本地大船的底板下，便被送交给清军将领郭松林（Kwo-sung-ling）保护起来。郭松林接到指示，如果擒获任何外国人，都要善待他们，此外，一名欧洲人受命查看他们是否被妥善地安置和照顾。接着，这两人被移交给厦门道台。听说他们来了，海关临时长官波特（Porter）先生半夜在道台处等候，恳请道台将他们移交给各自的领事。道台不同意此事，于是将他们移交给福州总督。第二天清晨，临时长官听说他们已离开厦门，便将此事通报给英美领事。同时，一名本应成为"谢尔曼将军"号船主的白齐文的朋友，纠集 20 名暴徒，往海防厅的衙门进发，决心要把本应被关在那里的白齐文放出来。但白齐文同之前所说的一样，并未关在那里，而那里另一名叫约翰逊

（Johnson）的囚犯声称自己是美国人，于是被强行释放。后来，白齐文在前往福州途中，因船只倾覆溺毙，许多中国居民对这件事还记忆犹新。

同时，清军对于漳州的包围急剧收紧，叛军发现再也守不住这座城市，便开始准备撤退。5月14日晚，他们从东门撤退。但直到17日，清军才占领这座城市，叛军留下一小支部队于15日和16日在城市东面进行小规模战斗，以掩护大部队的撤退。随着清军的镇压，或更确切地说是叛军在漳州府活动的失败，这个国家血腥历史中冗长的一章暂时结束。

第二部分

地理位置；厦门；自然特征；气候；居民的性情和习俗；弑婴；古迹；航标；漳州府；江东（Chiang-tang）桥；浦南城（Polam）；泉州府；安海（Anhai）；安溪（Ankoi）的茶叶种植；同安；金门；动物群。

厦门

厦门城（Hsia men）（the Gate，or Harbour of Hsia）或厦门港，位于北纬 24°28′，东经 118°4′，地处一个方圆 25 英里、人口稠密的岛屿上，此岛同名为"厦门"，属福建省管辖。由于这个港口贸易的重要性，这座仅为第三等级的城市，成为一名道台的所在地，这名道台是环绕兴化府、泉州府和永春州地区的地方行政长官。厦门城位于泉州府所辖的同安县境内，处于通往漳州府的龙江①（the Dragon river）入海口的厦门岛西南角。靠海的地方位于螫屿（Chih hsu）和青屿（Ching hsu）之间（水深 11 到 14 英寻），一侧有六岛等岛屿。进入海湾或外港，沿岸风景如画，引人入胜，暗灰荒凉、贫瘠多石的棕色山脉矗立两岸。其中一支便是南太武（the Nan tai wu），山顶的一座宝塔海拔 1720 英尺，直插云霄。一座荒废的堡垒和一长列石头防御工事向右延伸，左面是矗立于岛顶、高过连绵群山的一座宝塔，前方是鼓浪屿岛，内港就像一颗璀璨的宝石，静卧在层层叠叠的大陆群山中，山峦色彩各异，或灰或棕或蓝。内港从一块叫"皋华丽"（Cornwallis）的岩石延伸至厦门港（当地方言叫 A mng kang）东南方，沿着城市东北面直至汇入一个大海湾，海湾绵延 4 英里汇入这座岛屿，环绕在城市北面。厦门包括一个堡垒和一座城市，位于陆地的狭长地带，三分之一的面积受

---

① "龙江"应为"九龙江"，后同。——译者

到加固城墙的保护。这座城市方圆 8 英里，包括外城和东北郊区，约有 35 万居民。外城在方言里被称作 A mng kang（厦门港），一串山脉将它与主城分开，山上建有加固的城墙，一条铺好的大路将外城与主城连接。围绕城市的是崎岖荒芜的棕色山脉，高从 500 到 700 英尺不等，居民的房屋和仓库就建在山谷里。厦门曾筑有相当坚固的防御工事，外港入口的浯屿和青屿上，以及鼓浪屿的"红角"（Red Point）（曾架设 42 门大炮）和"白堡"（the White Fort）上都可以看到炮台的遗迹。厦门港绵长的海上炮台长达 1100 码（yard），威力巨大，曾经架设 96 门大炮，虽然现已见不到炮弹，但炮眼甚至城墙依然保存着，掩于沙堆之下。这个堡垒方圆约 1.33 英里，控制着内城，外环有一座高 18 至 33 英尺不等的塔状城墙。海上炮台和防御工事当年的情况也许可以从麦弗森（McPherson）先生在 1841 年英国进攻厦门期间对它们的描述中找到。

这些防御工事十分强大，每一处可以用大炮瞄准港口的地点都被占领并全副武装起来。从内港进口这一点来看，强有力的海防线上，花岗岩炮台向上绵延 1 英里。这个炮台面对着厚约几英尺的草皮和泥土，因此远处看不到堡垒的痕迹。炮眼被搭上顶棚，顶棚上的木板覆盖了厚厚的草皮以保护炮手。

他叙述道，这些船只连续 4 小时不停地炮击这些大炮台，单是"伯兰汉"号和"威厘士厘"号就各自发出 12000 发炮弹，然而这些工事依然像被炮击前那样完好无损。后来，英军地面部队袭击了炮台，使他们的 500 门大炮无法发挥作用。外港为那些因逆风而不能航行或将要离开的船只提供了一个安全而宽敞的停泊处，然而对于装船或卸货来说这里太远了。内港能在海滩的小范围内为约 100 艘船只提供安全的停泊处。长羊礁（the Coker）、定户内礁（Brown）、港口礁（Harbour）与尾涂礁（Kellett）这些具有潜在危险的暗礁，用 5 个浮标标出，其他礁石的位置则由石头灯塔和标杆标出。①

---

① 详见第　页的《厦门地区航标列表》（*Aids to Navigation in the Amoy District*）。

鼓浪屿

涨潮与退潮的落差从 14 至 19 英尺不等。这座港口西面边界由鼓浪屿岛组成，航道有 675 至 840 码宽。这座小岛方圆约 4 英里，岛上有两个明显的山脊，主要由花岗岩和风化的花岗岩组成。最高点海拔 280 英尺，周边远处一些零星的岩石分散其中。岛上的最佳地点点缀着一些气派的房屋，它们是商人、传教士和官员们的私人寓所，总值约 15 万元。鼓浪屿包括 4 个中国小村，人口不断增多，约有 4000 或 5000 人。

1841 年厦门沦陷后，（皇家爱尔兰兵团）18 团和 26 团分遣队中的一支守备队和马德拉斯炮兵部队（the Madras Artilery）占领了这座岛屿，直到中国人于 1845 年 12 月将它收复。英军在这座岛屿北端的一个山谷里宿营，一座高山环绕这个山谷，挡住了西南的微风，山谷对面是一个水位很低，已成为一片泥滩的大海湾。由于这些原因，英军部队的死亡率一度很高，以致他们甚至要雇佣中国的看守来守卫他们的军用物资。英军离开后，他们占领的房子被拆毁，修建的道路被切断，他们存在的每一丝痕迹都被中国人尽可能地抹掉。在这座岛屿东北端竖立着 3 座古老的墓碑，上刻碑文分别如下：

亨利·邓菲德（Henry Duffield）之子约翰·邓菲德（John Duffield）安葬于此，"庄柏"号（*Trumbull*）指挥官，1698 年 9 月 6 日去世。

斯蒂芬·贝克（Stephen Baker）舰长安葬于此，"成功"号（*Success*）后来的指挥官，1700 年 10 月 18 日去世，终年 49 岁。

星期日埋葬于此的是一名菲律宾班诗兰人与其他两名菲律宾的印度人，1759 年 10 月去世。

第 4 座墓碑由于年代久远，上面的标志已经无法辨识。这些墓绝没有受到中国人的亵渎，由于好心人的维护，墓葬保存完好，碑文清晰可见。人们希望这些墓不会朽坏。另外一处，一座纪念碑标出了一位罗马天主教大主教的安息之地，附近有一些西班牙人的墓葬，他们在西班牙与中国早期交往时期安葬于此。

厦门（续）、作物、灌溉、农业器具

厦门岛中心位于北纬 24°30′，东经 118°7′。它呈不规则的长方形状，一道深深的海湾贯穿其西南面。厦门岛南北最长达 8 英里，东西最宽达 6.5 英里，方圆（从点到点）25 英里。8 条小河为这座岛屿供水，这些河流分别是魁星河（Kwei hsing ho）、瓮菜河（Woong chai ho）、关刀河（Kwan tao ho）、盐草河（Yen tsao ho）、洗马河（Hsi ma ho）、黄厝河（Hwang choo ho）、鬼仔河（Kuai chih ho）和洗布河（Hsi pu ho）。厦门岛除了厦门城，还有 108 个村庄，主要村庄有后厝（Hou cho）、曾厝垵（Tseng cho an）、墓后（Mu hou）、店前（Tien chien）、刘坂（Lew pan）、麻灶（Ma chou）、五后（Wu hoo）、凤山社（Feng shan hse）和坂尾社（Pan wei hse）。它的人口从 35 万到 80 万不等，但如果包括厦门城人口，准确的数目约为 55 万。厦门岛表面崎岖不平，经常有大石头突兀其间，到处可见断崖、山丘和寸草不生的棕色花岗岩山峰。所有的山谷都进行了精心的耕作，没有浪费一处能够耕种的地点，起伏不平的群山周边的层层梯田上种着各种作物。如果这里有长宽几英尺的自然岩脊，它那贫瘠的沙质土壤和风化的花岗岩，将一定会用来种植甘薯。大米、小麦、大麦、玉米、甘蔗、花生、豆类、豌豆、甘薯、卷心菜、甘蓝、洋葱、胡萝卜、萝卜、莴苣、瓜类和其他许多蔬菜都得到精心的照料。地里看不到一丝杂草，用人类排泄物（这里有一个规范的市场和固定的时间能获得这些排泄物）给作物施肥，虽味道难闻，但效果显著。这里和周边地区种植了柚、菠萝、杧果、橘、葡萄、香蕉、酸橙、杨梅、李、桃、荔枝、龙眼、梨、柿和其他水果。人们悉心灌溉这些果

树。在那些没有河水、井水枯竭的地方，人们发明了一种简
单的灌溉方法，他们用一根长竹穿过一个直立的木桩，另一
根呈垂直角度，做成跷跷板状，一端放一个水桶，另一端放
一块巨石，仅需一人就能迅速地将这些小小的人工渠水引入
灌溉他的稻田和其他田地。为了把这些水通过小水渠引到高
高的堤防上，通过河水来开垦富饶的土地，节俭的农人们运
用了一种相当简单、有效而廉价的木质链泵，上面装上 2 个
滚筒，由一个、两个或三个人操纵。当时，农业器具数量很
少而且十分粗糙，一把牢固的、锄头形状的十字镐就当铲子
来用。人们不用犁刀或轮子，而是把钉在一片弯曲糙木上的
一块铁片作为犁来使用，由一只小奶牛或小公牛拉犁，而我
在北京看到的却是一匹骡子和两个妇女一同拉犁。人们把谷
类的茎靠在一个大桶边缘摔打，用席子挡风，这就代替了连
枷或扬谷机。人们运用的扬场器具和 20 多年前英格兰运用
的机器原理一样，形式相似。虽然这些机器十分粗糙，但从
庄稼和田地里的繁荣景象以及对空间和材料的充分利用来
看，当地具有很高的农业发展水平，这令梅吉（Mechi）先
生和其他任何一名有技术的农民都十分高兴。谷物的收成不

是用刀收割，而是将其连根拔起。

农业牲畜

农业牲畜中包括体型瘦小、外形漂亮的奶牛和小公牛、丑陋的水牛以及猪、羊、鹅、鸭和其他禽类。为了满足当地外国人的需要，鼓浪屿和其他地方还养殖了良种火鸡。但这些火鸡都非土生土长，而是从马尼拉进口的。厦门马体型瘦小、外观漂亮，一向都不用于农业耕作。

气候

我注意到，最近的一本蓝皮书里，一些作家将厦门的气候描述为有害健康。从本人和这里其他居民的个人经验来看，我认为这个描述是错误的。虽然这里的夏天长得令人厌烦，但是气候对身体却相当有益。从11月初至3月末，厦门的气候和中国其他地方相类。1871年厦门海关长廊室内最高温为8月31日的96华氏度，最低温为12月13日的37华氏度，那时鼓浪屿的一些地方结了半英寸厚的冰。但要在这里看到冰可是稀罕事，因为虽然这里经常寒冷刺骨，却很少结冰。厦门经常下点小雨，但去年格外潮湿，10月7日、8日、9日和10日这几天雨下得最大。

穆勒（Muller）和曼森（Manson）医生在他们撰写的厦门地区半年健康报告（截至1871年9月30日）中写道：

福建省的这个地区多丘陵。这些丘陵多为花岗岩，缺少土壤，但这主要是由于人们的假节约造成的，他们几乎砍下每棵大树和灌木，挖掉自然草地，留下满目荒凉，令人生厌。大量花岗岩吸收并辐射热量，白天将其储存起来，夜晚释放到空气中。幸亏几条大河和海湾贯穿这个地区，在山丘间为海风和季风开辟了一条通路。这些风和潮涨潮落加速了空气循环，使本来可能是炎热、对健康有害的地方成为一个相对温和、有利健康的地区。这里的人民勤劳肯干，几乎开垦了每处可以利用的地方。沿着河岸边的冲积土平地以及山间狭窄的峡谷可以获得水源，因此这里成了稻田，其他更干燥的土壤里，也种植了甘薯、花生、甘蔗和各种各样的适宜的作物。降水变化无常。大多数时间，这里气候干燥，经常几年雨量不足，导致饥荒和灾难，某种流行病也随即发生。3 年干旱之后，今年夏天这里雨水充沛。长期废弃不用、臭气熏天的储水池和水井再次被雨水灌满。下表将会使读者了解这里夏日的温度，虽然这里标出的温度或许要比往年这个季节的一般温度低。

半年间温度表（4 月至 9 月）

（仪器置于面朝鼓浪屿东北方的一堵墙上）

4 月	最高温	82°F	最低温	60°F	平均温度	69.7°F	3 天降雨
5 月	最高温	89°F	最低温	67°F	平均温度	77.5°F	13 天降雨
6 月	最高温	88°F	最低温	75°F	平均温度	79.3°F	14 天降雨
7 月	最高温	91°F	最低温	76°F	平均温度	83.3°F	3 天降雨
8 月	最高温	88°F	最低温	78°F	平均温度	82.7°F	11 天降雨
9 月	最高温	89°F	最低温	72°F	平均温度	81.3°F	7 天降雨

其余半年间，这里的气候要凉快得多。清爽的凉气使受到夏日酷热困扰的人们神清气爽，户外运动成为可能，欧洲人也可以相对泰然自若地享受他们所迷恋的阔绰生活。这里的人们虽然勤劳，但非常贫穷，收入低微。一个普通劳动者每天只能赚60至100文铜钱，一名机工每天赚120至150文，这就是他们的基本工资。用这点钱来赡养家庭和妻子，即使对于最节俭的人来说也是一个沉重的负担。他们几乎没有余钱来未雨绸缪，疾病或米价上涨必定会引起无尽的痛苦。他们的主食就是大米，或者把大米和甘薯混在一起，辅以腌菜或咸鱼做配菜，猪肉和牛肉则是少数人的奢侈品。在这个地区，人们主要从事农业生产，他们在海岸边捕鱼、当水手，有时把这几个职业同农耕结合起来。在厦门和其他大城镇，各类制造业雇用了许多人。与中国大多数城镇一样，厦门城极其肮脏。街道狭窄，很不规整，脏乱不堪，几乎找不到一处干净的地方。猪和狗是欧洲城镇判断卫生状况的唯一标准，一名科学的公共卫生学家只需要用在自己国内的经历指导，就能相当自信地预测出流行病的肆虐和死亡的状况。然而中国人却在他不敢安顿自己的猪的地方成功地生存繁衍下来。虽然厦门不良的卫生状况不可避免地使其到处都有可能成为斑疹伤寒症（typhus）、伤寒症（typhoid）和其他疾病的肆虐之地，但幸运的是，肮脏和腐败的食物并不是造成斑疹伤寒症流行的唯一原因，否则我们住在这里就会感到永远的恐惧。实际上，我们不仅没有在这里发现斑疹伤寒症和伤寒症，除了天花（small pox），我们在这里也没有发现那些在欧洲夺走一大批人性命的发热症的典型病例。不论是在这里还是在台湾，我们都从未遇到猩红热（scarlet fever）、麻疹（measles）或回归热（relapsing fever）的病例。北京常见的白喉病（diphtheria）在这里并不存在，或十分罕见。但是，其他具有流行特点的疾病，如腮腺炎（mumps）和百日咳（whooping cough）在这里十分常见。我们认为，除了以上提到的特例，这里根本不存在脑脊髓膜炎（petechial fever）。考虑到在厦门，动脉粥样硬化（atheromatous）、脂肪变性（fatty degeneration）疾病以及由此引起的许多危险疾病十分少见，也许人们会对这个地区的死亡率感到困惑。但是，在这个地区，天花病是在完全没有受到疫苗保护的情况下流行起来的，这里几乎每个人，只要他活的时间够长，都注定会感染天花。考虑到这种情况，再面对未经修改的旧表格里 33％的死亡率的时候，我们便能解开部分疑团。接着，我们可以把疟疾类疾病（malarial diseases）列为致死率第二的疾病，如弛张热（remittent fever）、疟疾（ague）、脾脏疾病、贫血以及它们的并发症。霍乱（cholera）也许可列为第三位，下一位也许是麻风病（leprosy）。这些都是主要死因，但一些既不是传染病也不是地方病的普通疾病在这里同在欧洲一样司空见惯。肺结核（phthisis）、支气管炎、肺炎、癌症等疾病也都十分常见。

对欧洲人来说，他们现在所住地方的气候并不是有害健康的。他们的办公场所和一些住所位于这座城市的海滩附近，都是很热的地方，但许多人在鼓浪屿都有自己的私人寓所。这个相当靠近厦门的多石的小岛为建筑房屋提供了绝佳的条件。居民悉心挑选出建筑地点，建造各方面都能适应当地气候的房子。夏日的大部分时间，他们都能享受到强烈海风的吹拂，夏夜则享受到陆风的轻抚。冬天也没有冷到刺骨，待在户外并不会感到不适。要是居民们在吃喝方面能有建房那样的智慧，他们也许能和在欧洲一样，在这里舒服地住上 8 年至 10 年（就健康状况而言）。在他们的生活中，雪利酒、苦啤酒、白兰地、苏打水和一日三餐的全肉类饮食不可或缺，加之缺乏运动，与这里偏高的气温，便引发了几乎不是气候原因造成的疾病，虽然受害者可能会认为是气候的原因。当然也不能把所有的原因都归咎于这种生活方式，但大多数得病的人却沉溺于奢侈阔绰的生活。那些生活比较节制、将自己适当暴露于大自然的阳光雨露之下的人，身体都十分健康。通常，一个人在这里待得越久，夏日末的倦怠便会越来越明显，这种倦怠也许就是一个明智的人需要经历的唯一的"气候病"。

人民

有人将厦门人民的特点描绘为勇敢、骄傲和慷慨，但另一些人却认为他们好争吵、粗暴，极不诚实。从我的个人经历来看，总体来说他们与他们的国人有所差异，但区别不大。我曾发现他们文明、勤劳，还具有符合中国标准的诚实品质。这些人必定也十分热衷于追逐金钱，看到远处的一枚硬币，他们也会准确无误地将它拾起。他们是精明的商人、勇敢无畏的渔夫、优秀的水手。他们还自由地向外移民，每年有上万人前往马尼拉、新加坡、槟榔屿和其他地方。爪哇、暹罗（Siam）和英属海峡殖民地区（the Straits Settlements）的大部分中国人都是厦门人或福建人。我曾在某处读到，18 世纪一名福建人当上暹罗国王，这充分证明了他们的能力和野心。从外表来看，他们身材中等，体魄健壮，动作灵活，能吃苦耐劳，并能忍受极端气温而无任何不适。

弑婴

关于这些人的品行，最糟糕，但同时也是这里的很多人家里会发生的最明显的罪行就是杀死女婴。这种罪行不断发展，令人毛骨悚然，但不幸的是，没有理由对其进行质疑。我曾就此事询问过一些参与传教活动的绅士以及周边地区人士，他们都一致指出这一现象十分普遍，而且基本上都是由妇女来完成的。一名绅士告诉我，据他统计，当地至少有25％的女婴在出生的时候被杀害。当局签发了禁止这种行为的命令，但实行这些令人发指的非人罪行的罪犯却对其置之不理，并丝毫未感羞愧，也不惧惩罚。我被告知，在一些事例中，外国人雇佣的阿嬷（ahmahs）（即女保姆）承认她们曾经杀害过一个、两个甚至三个自己的孩子。其中一名叫Kioh（字面义"捡来的"）的阿嬷，她自己就在出生的那个晚上被扔在乱石堆上，但第二天早上却被发现依然活着而且毫发未损，于是出于迷信或亲子之情，她的父母将她救下并将其抚育成人。另一名后来在这里结婚的妇女，18 年前幸运地被一名牧师绅士不可思议地从死亡边缘救下。当时，这位牧师刚到达厦门，看到一个坛子朝他的船漂来，并隐约听到了哭声，他问船夫坛子里装的是什么，船夫冷漠地告诉他是小女孩。那晚，这位令人崇敬的年轻牧师，为自己增添了一个小生命欢欣不已。

不久前，我遇到了一个看上去生活还过得去的苦力阶层的壮汉，他肩上挑着担子，扁担两头各挂着一个整洁的圆篮。听到婴儿的哭声，我们便拦住了他，我发现，每个篮子里各有两名婴儿，他正准备把他们卖掉。女孩只有在弃婴医院（the Foundling hospital）才能被出售，但只值 100 文（合 10 分钱），而一名健康的两三天大的男婴就能被稳定地卖到 15 元（合 3 英镑多）。雅裨理①（Abeel）先生曾写过这个话题，因此被害儿童数量必然骤减。在一名博爱睿智的当地商人 Tuck-suey（他曾是在宝顺洋行工作多年的一名买办）的努

---

① 雅裨理（David Abeel, 1804—1846），美国人，是新教早期来华的传教士之一。

力下，弃婴医院在这里重建，并在同安和金门设立了分院。医院经费来源于向租赁外国船只的中国人征收的费用，一艘船或三桅帆船征收 8 元，一艘双桅横帆船或纵帆船征收 6 元，购买鸦片者每箱征收 7 元，茶商则每半箱征收 1 分，此外还有其他小的费用。据记载，医院每年都会接收 2000 至 3000 名儿童，并给每个领孩子来的人 100 文。每个护士都必须照顾两个孩子，以此领到每个月的食物和 1000 文。如果孩子托人寄养，每人仅能得到 500 文。任何想从医院得到一个孩子的人，只要提交一张收据和来自一名熟人的担保以证明他是一个品格端正的人，便可以不花任何费用领到孩子。医院每年的开销据说约 3 万元。但很难得到具体的数字，我也不能确定每年死在医院里的儿童数量。提到 1843 年泉州府及其周边 5 个地区的弑婴现象，雅裨理牧师记载道：

与这个国家其他许多地区相比，有理由相信，在这个地区（同安县）被杀害的初生婴儿的数量，比这个省份其他任何一个大小相同、人口相当的地区都多得多。

　　他指出，在询问了来自 40 多个不同城镇和村庄的人后，得到以下结果。

　　"被害婴儿数量各个地区差异很大，从 70％、 80％到10％不等，所有这些地区被害婴儿数量的平均值将近 40％或39％左右。"他补充道，"我的消息提供者宣称，在这 40 个城镇和乡村的 17 个中，有一半或更多的婴儿在出生的时候便被剥夺了生存的权利。"他写道，在漳州府所辖 7 个地区里，他对龙溪县的 18 个、漳浦县和南靖县的 6 个城镇和乡村居民进行了调查，加上对其他 4 个地区更加有限的调查，"有理由担心多于四分之一，约 25％的新生儿在呱呱坠地时就被窒息而死"。在调查过程中，他经常询问那些从省内其他地区，如从福州府、汀州府（Ting chow fu）、延平府（Yen ping fu）来的访客，他们都承认各自地区的确存在弑婴行为，但又希望自己地区发生弑婴行为的范围能比这个地区小。他小心地补充道，从调查结果所推出的数据可能从整体准确率来说会令人质疑，因为它们只是"观点而非事实"，但不幸的是，他辛苦调查得到的几乎都是事实真相，几乎无可置疑。他还指出，厦门海防厅提到，在英国人到达这里之前，几乎没有任何婴儿一出生就被杀害，但自从 1841 年弃婴医院关门后，贫困加剧，弑婴行为已经发展到一个令人发指的程度。他又列举了一些残忍的父母向他坦白的杀害 1 至 5 名女性后代的案件，但又补充说，由于一些文人撰文笔伐弑婴行为，并在人多的地方张贴告诫，这种恐怖的罪行在某种程度上有所收敛。

麦格雷格（W. McGregor）牧师回应了我就这个话题的一些询问，他支持我的观点："杀害女婴在整个同安县极其普遍。在这方面，同安县与漳州其他地区以及泉州地区并无差别。连这种已经发展到无法想象程度的，令人发指的暴行都不了解的人，即使说着相同的方言也不能与本地人自由地交融在一起。大量仔细的观察让我相信：1. 弑婴行为一点也不局限于穷苦家庭。在一些小康家庭，如果两个或三个女儿连续出生，经常只留下一个。2. 在谈话中，一些受过良好教育的中国人会谴责这种行为，但在现实中，他们并不视其为道德败坏，并很有可能（将其称为行径恶劣后）在自己的家里允许这种行为的发生，甚至自己也采取这种行为。3. 虽然清朝官吏不时颁布禁止弑婴的命令，但他们从未采取任何行动引起人们对此种法令的重视。4. 虽然受过教育的中国人将不会维护这种行为，但大多数人却认为这种行为丝毫不应受到谴责，并不以为耻。5. 女性比男性更愿意去维护这种行为。几乎没有任何劳动阶层的妇女在被问及她们是否杀死过自己女儿时有任何迟疑。妇女们似乎经常认为，她们的弑婴行为没有错，并理所当然地认为杀死一名男婴则是一种犯罪。6. 在漳州和泉州地区约有半数女婴在出生的时候就被杀害，或者由于对其故意疏忽，造成其夭折。许多中国人估计大概有三分之二的婴儿被杀，但我推断他们的数字有误，因为他们仅仅想到了那些几名婴儿被杀而另一些婴儿幸免的家庭，却忘记了那些根本没有婴儿被杀的家庭。中国人互相冷漠地谈论这种事情，充分表现了这种罪行的普遍性。甚至一些无比关爱孩子、远离这一恶行的人们，似乎也没感觉到他们周围的这种常见行为是罪恶的。很明显，这种罪行在中国的一些地区比另一些地区更为普遍，同样，在中国的一些宗族里比另一些宗族更为普遍。当这项罪行在客家人（Hakkas）和福佬人（Hoklos）中流行的时候，广东省几乎没有土生土长的本地人（Puntis）知道这回事。这些事实为我们提供了一些调查的主题，比如，这种做法和不同地区信仰之间在轮回这一问题上有何联系？母亲是由于诚挚地希望再生一名男婴，还是由于生女孩令她遭受谩骂，出于愤怒才杀害女婴？不同地区中国人之间联系的本质是什么？比如在广东省，福佬人犯罪十分普遍。现在，福佬人的传统和语言的相近把他们与福建的兴化府联系起来，因为他们正是来自这附近。通过在汕头（Swatow）的观察，我发现他们方言的相似性并非和他们在福建省的近邻有关，而是与泉州以及泉州以北地区有关。这里我们可以看出这个野蛮的传统可以追溯到福佬人迁徙之前。"

　　这一可恨做法的借口并不充分，而这里的人提出的一些借口也不堪一击。穷人给出的理由是，他们害怕如果自己的孩子被卖掉或被送给那些无子女的人后，会遭受虐待或会以不道德的目的来抚养，但又害怕把孩子放在收容所里需要承担风险和费用，最终只好将其杀害。如果弑婴行为的确给富人带来了耻辱，但穷人并不以为耻，因此每年有上千婴儿被遗弃在路边或河边的小瓦罐中，而后踏上残酷的不归路。也许一种更仁慈的暴行就是把小孩闷死在装酸橙的罐里，或把

孩子抛入水中。厦门的"镇南关"（Chen nan kuan）城门
处，就有一个叫"死婴塘"（the dead infants pond）的水池。

　　这种对女婴大规模的残杀造成了厦门，尤其是整个区域
的性别不平衡。即使这里每个中国人都愿意结婚，但由于女
性稀少，也不可能结成。另一个结果就是自然导致社会道德
状况十分低下，通奸相当普遍，这成了丈夫们不得不面对的
现实情况。

古迹

　　在这附近现存的古迹中，就我目前所了解的，除了那些
石刻、庙宇、牌坊和墓葬，几乎没有更早的古迹。许多碑刻
可以追溯到蒙古人统治时期，一些则是南宋（southern
Sung）时期的。厦门岛的金榜山（Chin-pang-shan）上有一块
金榜石，这座山便由此得名，上面的"谈玄石"几字据说是
著名的理学家朱熹（Chu-hsi）所写。一些具有重要历史意义

的碑刻属于当代。在南普陀（Nan-pu-to）这个非常美丽但已日益衰败的佛教寺庙前方的厦门场（Hsia men Chiang），有一连排的大石碑，上面刻着汉文和满文，记述了澎湖列岛的归顺。靠近这里的镇南关的一条路上也有一块石碑，上面记述了郑成功将荷兰人赶出台湾的历史。同一条路上还有一名高级将领的一处大墓葬，由人和马的石像装饰，葬于此地的是郑成功的一名表亲。另一个更精巧的同类墓葬位于从同安到泉州路上的大营（Ta ying）和五陵（Wuling）之间，是郑成功一位叔叔的安息之地。16座庙宇散布于岛内，其中几座相当美观，尤其是上文提过的南普陀，这座庙宇有一些漂亮的八角形石庙，上面雕梁画栋，花纹精美。虎溪岩（The Tiger's Mouth）、仙洞岩①（Hsin tung yen）、万石岩（the Temple of Ten Thousand rocks）和据说是这里最古老的白鹿岩（White stag temple）等寺庙，都以保存完好著称，它们依偎在山峦深处，掩映于风景如画的榕荫之下。另一座被称为董内岩（Tung lai yen）的寺庙据称与名人有关，一个模糊的典故称，一名唐朝皇帝曾在它附近的一个水塘里喝酒。这些寺

---

① 应为"万仙洞"。——译者

庙中许多碑刻都以高尚的道德情操来告诫读者，如"生而无忧，死而无憾"，"人生的首要目的在于行善积德"等，无疑这些碑文对凡夫俗子很有教育意义，它们也正是写给这些人的。在凉爽的季节，这些寺庙成为夷人最钟爱的野餐胜地：在佛堂前，在怒容满面的雷神（Wu lai shen）、仁慈女神（the goddess of Mercy）观音（Kuan yin）或满脸笑意的天后（Tien how）等群像间，可见长长的餐桌和快乐的客人们。一切都与周围的环境格格不入，除了一尊老佛像轻松自在地坐着，憨态可掬，大腹便便，慈眉善目，他看上去和我有时想的一样，并不适合统帅众神：他双耳垂肩，趾指齐长，因此寺庙里神圣威严的气氛多少会受一点影响，但也许一些众神统帅也一样有很长的耳朵呢？只有从耳朵生长的方向才可看出他的非凡之处。

当地奇特的宗教信仰

关于当地奇特的宗教信仰这一问题，麦高温①（J. Macgowan）牧师写道：

> 厦门人民崇拜的众神中，玉皇（the god Yuhwang）和妈祖（the goddess Ma tsaw po）的地位尤其突出。他们都属于道教。

> 中国人普遍认为玉皇是至高无上的统治者，大多数人将他与天和传统之神（the god of the classics）等同起来。普通人认为他有无限的权力，能够控制整个宇宙。人们对这 3 个系统最高统治者的深奥的思想一无所知，因此我们发现人们对这位曾经生活在地上的神灵有着最

---

① 麦高温（John Macgowan，? —1922），英国伦敦会传教士，1860 年来华，先后在上海、厦门传教，精通汉学。——译者

坚定的信念。当玉皇的生日每年如期而至时，人们都会热烈欢庆。据说，他控制众神，众神受其委托协助他在地上行事，监督人们的道德行为，在某种程度上抑制了坏人的气焰。这些神灵每年升天一次，向玉皇报告他们的监管情况。在天上逗留数日后，他们又返回不同的岗位各司其职。

虽然妈祖在厦门和附近地区受到普遍崇拜，但她主要是水手的保护女神。这名女子原本住在福建省，据说具有神力能帮助水手应对海上灾祸。她的4个兄弟都以航海为生。一天，某种魔力使她突然陷入恍惚，于是她的灵魂便飘去协助那几个在不同船上遭遇大风袭击、面临翻船危险的兄弟们。当她从恍惚中被唤醒，准备帮助每个人的时候，一个兄弟失踪，而另外3个则安全躲过了大风。如果没有祈求她的保佑，水手们都不敢出海，他们认为如果没有这位女神的特别保护，航行就会有危险。

对这两位神灵的崇拜相当普遍，但这并不能包括所有中国人对他们神灵的崇拜。要尽数特殊场合人们崇拜的神灵，不仅令人厌烦，而且无法用几页的篇幅说清。除了与神灵崇拜相联系的无尽的仪式，我们所归纳出的中国人的宗教信仰，即前面已提过的对祖先的崇拜也十分突出。他们的宗教生活在自行发展，试图在信仰的各种形式上得到满足的同时，也在对祖先的崇拜这方面找到了一个更适宜的立足点。不仅是受人敬重和行为端正的人会进行祖先崇拜，群体中最险恶的那些人也会这么做，但也有一些人声称他们完全不信这个地区的偶像，不过也很难遇到对这种崇拜缺乏信心的人。在这里，我们仅仅暗示了这种崇拜的普遍性，以及它对于整个国家惊人的控制。传教士应该在居民中指出这种宗教元素是如何以各种各样的形式阐释自身的，并观察信仰的变化，这些变化即使是关于这些受到更普遍信任的神灵，也是可以观察到的。①

---

① 厦门的麦高温牧师对中国人社会生活和宗教想法的评论。

航标

东椗岛灯塔（Chapel Island Lighthouse）和建筑是由部门巡查官（Divisional Inspector）裨斯比（Bisbee）船长和我本人在海关监察的命令下建立起来的。1871 年 11 月 16 日这座灯塔首次亮灯。下面我会附上厦门地区航标列表。

厦门地区航标列表[①]

灯

名称	目的	位置	灯的描述	塔的描述
东椗岛灯	协助进港导航	24°10′15″N 115°13′30″E	除了部分花岗岩部分，全部漆成黑色。	带有花岗岩栏杆和窗户的一座砖塔，从基座到风向标高有 83 英尺。

① 由于原文印刷模糊，只能将本表大意译出。——译者

名称	目的	位置	灯的描述	塔的描述
大担(Taitan)岛灯	加速进入外港	24°10′15″N 115°13′30″E	白色	一座高 8 英尺的石头建筑，装有八角形的由木头支架做成的漆成白色的灯笼型建筑

浮标

名称	目的	位置	描述	大小	颜色	大潮低潮面深度(英尺)
长羊(Coker rock, small buoy)	标出长羊礁最高点	约位于长羊礁顶部西南 30 英里处	铁圆锥体，圆锥形，顶点朝下	直径 3 英尺，5.6 英尺长	红	浮标位于礁石顶端 30 英尺处；西南面没过礁石 4 英尺
长羊(Coker rock, large buoy)	标出安全界限	离长羊礁约60英寻	铁纺锤体，圆锥体，顶点朝下	垂直长度直径 8 英尺	红白垂直条纹	浮标处于低水位 8 英尺处

续表

名称	目的	位置	描述	大小	颜色	大潮低潮面深度（英尺）
定户内（Brown rock buoy）	标出定户内礁的位置	离定户内礁约24英尺	铁纺锤体，圆锥体，顶点朝下	直径3英尺，垂直长度1.6英尺	红白水平条纹	浮标处于离布朗礁石45英尺处，离它最低点6英尺
港口（Harbour rock buoy）	标出港口礁的位置	离港口礁约30英尺	铁纺锤体，圆锥体，顶点朝下	直径4英尺，垂直长度1英尺	同上	浮标位于18英尺处，礁石最低点位于9英尺处
尾涂（Kellett spit buoy）	标出安全界限	——	铁深罐形，即圆锥体的平截头体	直径6英尺，7英尺长	红	位于西南方27英尺处

阿礼毕礁（Alibi rock）位于鼓浪屿东北方，由一个用竹子支撑的拱门标出。有两盏灯塔和7条缆绳，全为白色，标出了那些位于水面远方的礁石。所有礁石都是干的。除了石头灯塔空心塔（Kang sim tah）之外，没有一块石头以任何的中文名字被列举出来。

　　注意，以上所有浮标都是以放置的位置命名。这些浮标，不论是哪个部分，都没有特殊的名称。

　　从厦门沿水路朝西南方航行，经过塔岛（Pagoda Island）（因岛顶有废墟得名），进入一条由大陆和一个小岛组成的通路，便可看见和苏格兰高地一般的景色。这是一个长方形的大海湾，约6英里长，4英里宽，边缘点缀着漂亮繁盛的村庄，隐于茂密的树林中。海湾边缘是精耕细作的平原，大部分平原从延伸向蓝灰群山脚下的那条河流旁开始开垦。这个季节，海湾满是各种各样的鹅、水鸭、野鸭和家鸭，还可以看到鹈鹕、苍鹭和其他野禽。这是厦门爱好运动的人最钟爱的射击场。两条支流龙江和北江（North river）并入这个海湾。沿着漳州河再行约3英里，就到达了筑有高大城墙的海澄县，再往前2英里，另一座更加庞大更为繁荣的城镇近在眼前，当地方言称其石码，水上岸上人口稠密，它和厦门有着大量活跃的国内外贸易往来。

漳州府

蜿蜒通过一个繁荣美丽、人口稠密的乡村，满眼尽是玉米、水稻、甘蔗和连绵的山丘、广袤的平原，再行 10 英里，就到达漳州府。

漳州府包括 7 个地区或县（Hsien），即龙溪县、漳浦县、海澄县、平和县（Ping ho）、诏安县、长泰县（Chang tai）和南靖县。

它的主要城市漳州位于北纬 24°31′12″，格林威治东经 117°59′或北京东经 1°24′。几条部分铺好路面的宽阔笔直的道路和一座长 750 英尺、高 25 英尺的桥通往这座城市。桥下，25 个桥墩各相距 30 英尺。一根根粗重的木材从一个桥墩架设到另一个桥墩上，中间又架上一些更小的木材，盖上泥土并铺上砖石，一些石头长达 40 英尺。

整座桥梁建筑十分粗糙，桥的两端都有沿街叫卖的小贩，他们的店铺有桥的四分之一那么长。

　　沿河前行，漳州府距厦门正西方约 24.5 英里，坐落于龙江两岸。这必定是一座非常好的城市，高墙耸立，曾被描述为建筑稳固，街道由花岗岩铺设而成，一些石板宽达 12 英尺。但现在却是一副荒凉的景象，实际上仅剩一堆残砖破瓦和烧毁的废墟。当这座城市于 1864 年落入长毛手中时，据说有 20 万至 25 万人战死或病死，价值 2000 万的钱币和财产成了叛军的战利品。1865 年 5 月，他们将这座城市一扫而空，随后 7 年间，政府动用大量人力物力，修缮重建了城市前端沿河处一条破败的长街。周围的景色同这个地区许多其他地方一样，相当优美。因此，娄理华（Lourie）先生在《中国丛报》第十一卷第 506 页巧妙地描绘了这座城市：

　　　　想象有这么一座长 30 英里，宽 20 英里的大围谷，四周环绕着荒芜、光秃的群山，一条江贯穿其间，一座庞大的城市在我们脚下，四处可见稻田、蔗田，树木高耸，无数村庄向四向延展。这座城市大而美丽，超越了我们对中国风景以往形成的任何概念。我们底下的这座城市略呈正方形，沿江而建，江边有些弯曲，建筑十分密集，城内外参天大树多得惊人。向导说上个朝代，这里有 70 万人口，但现在他估计有 100 万，也许打了很大折扣。周围的村庄也吸引了我们。我试着数了一下，29 座大村庄清晰可见，但还不及我们面前田野中的一半，只好放弃这个打算。可以肯定地说，这个广袤的平原上至少有 100 个村庄，其中有些小村，但是许多村庄都居住了成百甚至上千的居民。

这座城市在沦陷前，以它的蔗糖、冰糖、制造业、茶、丝、天鹅绒、丝织和棉纺工业以及炼铁业著称，是附近地区最富庶和最重要的城市。

这座城市也是一名道台（龙溪县行政长官）、一名镇台或将军以及其他军事官员的所在地。城市的北部和东北部是长泰地区，当地方言称为 Tiohtoa，那里有大量未开发的煤炭资源。可以见到的矿物标本非常稀少。毫无疑问，这是由于政府仅允许人们使用易从地表中获取的东西，而不允许他们开矿。大量的煤被装在篮子里运到石码销售，并被当地铁匠买去。

西北部就是南靖地区。海澄地区位于龙溪和大海间，主要城市坐落于一座岛上。海岸上离长泰最近的是漳浦地区，紧邻云霄，而诏安则位于南端。诏安以北是平和地区。这个地区的居民曾因残忍杀害他们的女婴而恶名远播。据说这里的弒婴罪行要比这个国家的其他地方更猖獗。

漳州府包括福建南部地区，呈三角形，北线有汀州、龙岩和泉州地区，南面靠海，西面是广东潮州府，海岸线由南澳延伸至厦门。

江东桥

龙溪地区有一个这一带相当奇特的地方——江东桥，或称浦南桥（Polam bridge）。此桥距厦门19.5英里，所有送往厦门市场的茶叶必须经由此处。它坐落在北江的一个尖角处，风景如画。北江在此流入一个荒凉、遍布岩石，看起来似乎没有出口的峡谷。通往此桥的路上连绵数里景色优美。富饶的冲积平原种植着早稻、小麦和甘蔗，熠熠闪亮，许多看上去繁荣昌盛的大型村庄点缀其间，四周尽是威严的榕树，极目四望，可以看到远处令人惊叹、色彩斑斓的连绵群山的山脚下，平原稍稍隆起。

这座桥有 354 步（pace）长，6 步宽，桥中有一座小建筑，由 20 个拱壁上的石头筑成；3 个拱壁组成 2 个小拱门，第 4 个拱壁与其相距有 3 倍距离，组成了一个跨度很大的拱门。这些拱壁由粗粗凿下的花岗岩大石块横跨过去，石块大多长 54 至 66 英尺，厚 3 至 6 英尺。最大的石块，粗略算来有 80 吨重。很难想象这些巨大的石块是通过何种方式被运往它们现在的位置。虽然它们经历了 7 个世纪以来人们脚步的踩踏，但依然保持原来的大小。方舟状拱壁的末端在中心被施加了很大的重量，两块巨大的交叉形石头已经从拱壁的一个顶端支撑处滑入水中。这座桥的南端曾经由一座建筑精良的石头炮台和一座圆形石头堡垒把守，这座石头堡垒位于 350 英尺高的一个陡峭的断崖顶端，底端覆盖着美丽的山榉树、榕树、龙眼树和其他树种，四处点缀着美丽的红色爬行植物。现在，这些防御工事里已无大炮，它也成为一名小军官和一个税务机构的处所，两端各有一些破旧的商店和房屋。当我和我的队伍拜访此处时，当地男女百姓忧心忡忡地告诉我们，夜间常有老虎过桥，一年也许有四五十次，两天前的一个晚上，一只老虎就在我们站着的房后抓了一只狗，不久前，一人在那附近被老虎吃掉。他们急切地恳求我们来射杀老虎，并腾出一座小寺庙供我们使用，庙附近拴了一只小山羊，试图通过羊叫声来吸引老虎。

他们还提到附近的山里有野猪。

浦南城

江东桥十里以外是浦南城，处于江东司（Chiang tung ssu）的管辖之下，也是一个军官的住所。

它的居民数量有两三千人。主要贸易产品是产于附近地区的茶叶、糖、纸、橘和柚，这里的橘和柚以奇特的美味闻名，成为每年进献给皇帝的贡品。在此城被叛军占领前，据说这里约有 1 万居民。但现在成了一片废墟，之前精良的仓库再也没有重建，大部分地区依旧荒凉，无人居住。

距浦南城 25 英里便是产茶地区。多达 70 条激流途经这个地区，人们向我描绘了这里极度优美、森林茂密的高地景色。但我还没有机会探寻这个地区，如果有机会对它考察一番，这将成为我另一篇文章的主题。

以下对漳州府有趣的描述是由麦高温牧师热心提供给我的：

这个地区得其名可以追溯到夏朝（Hea）（前 2169—前 1756）。那时候，这里还是一个野蛮未开化的地区，主要住着这个地区的原住民，他们就像台湾的土著人一样，均未开化，靠狩猎为生。几乎鲜有中国人进入这么偏远的地方，我们也许能推断这些当时最勇敢的人，作为开路先锋，为他们通往南方蛮夷之地披荆斩棘。

这些早期的历史比较模糊。对这些人的描述很少，此外，这些描述又和传说中的东西混在一起，使我们无法依靠它们来认识当时存在的事物的情况，或是这个地区最后被征服的过程。我们所确知的就是几世纪以来中国人不断地往南扩展，并驱逐当地土著人，直至秦朝（Tsin）（前221—前207）开始，他们占领了漳州府。此时，大量的原住民往南部和西部撤退，也有不少人归顺了他们的征服者，并默默地接纳了他们的风俗习惯。朝廷任命了一些官员，这样这个地区实际上成为秦国的一部分。这种情况逐渐发展，直到汉武帝（Woo te）（前81）统治的西汉（western Han）时期，政府统治方式发生改变。漳州地区人民，就像居住在边境地区的大多数人一样，性格不羁，个性独立。他们经常卷入与原住民的持续冲突中，并逐渐形成了一种个性，使他们不愿服从法律的约束。此外，这个地区当时并不像现在这样，许多地方还没有被征服。当地资源也未得到开发。人们认为这里的土壤贫瘠无产，这个地区当时也没能出现足够维持现在百万人生计的大丰收，土地没能有效地开垦，也无人探测到地下还有大量资源。由于这个地区人民性格刚烈，桀骜不驯，因此从这里几乎征收不到任何税收，于是，汉武帝决定放弃自己对这个地区的直接领导，后来选了一名当地望族，任他为王，由其统领福建省和广东省。除了此人必须向皇帝（他的君主）进贡外，汉武帝给予此人他统治范围内的完全控制，因此实际上他成了一名独立的君主。

不久，这名被任命的王成了一名野心勃勃、肆无忌惮的人物。许多年前，他不仅决心无视以前向皇帝承诺过的效忠，而且为了有可能控制他的领地，还制订了一个大胆的计划侵入皇帝统治区。当皇帝了解到他的计划后，便集结了一支军队将他大败，主力部队带走了整个地区多达十分之六的居民。皇帝把这些居民迁移到他统领范围内的各个地区。正是当地居民的无法无天促使他采取这一行动，因为他认为只有完全减少这个地区的居民才能获得自己统治地区的安定。那些逃过了大规模抓捕的居民，隐匿于群山、森林之中，使汉武帝的士兵无法将其抓获。汉武帝的军队离开后，这些人才敢从他们藏身之处出来，并再次聚集在他们以前的房子附近。现在他们几乎一无所有，房屋遭焚，财产被抢或遭破坏，亲戚朋友也被无情地抓走，能够重逢的希望极其渺茫。这次破坏相当彻底。实际上，朝廷军队认为他们已经肃清了整个地区的居民，因为他们放弃了地区政府，并将这个地区弃之不管。那些遗留下来的人，并未受到伤害，便再次成长并壮大起来。接下来的两个朝代，即东汉（Eastern Han）（25—220）和后汉（later Han）（220—265），关于他们的真实细节十分稀少。不论他们有什么样的统治者，这肯定都是他们自己选出来的，因为以上两个朝代的皇帝并没有让他们在任何方面效忠。

西晋（the Western Tsin）（265—317）初期，这个地方已经变得十分重要，居民众多，如它能再次被归并于帝国将是很有价值的。因此皇帝再次占领这个地区，并委任适合人选掌管它的政府。在晋朝和随后的朝代，这个地区十分服从中央皇权：没有发生任何特殊的事件足以吸引历史学家的注意，因为除关于它内部法规的简略记载之外（普通读者对这些记录毫无兴趣），没有其他的记载。

唐朝（618—907）初年，整个地区卷入内战。这场战争是在纯种的汉民和当地开化了的土著居民之间进行的。战争持续了 30 多年，双方各有胜负，但最终，汉民开始发现他们无法与这些半开化的敌人相抗衡。在这一紧急时刻，他们向唐高宗（Tae tsung）求助，希望任命一名睿智能干的官员，能诉诸权威结束这场持续内战，并能通过得力的措施来重建这个地区的和平与安宁。皇帝同意并任命陈政（Chen cheng）为王，赋予其与汉代委任的首任王相同的权力与条件。新任命的这个人果然睿智坚毅。最终内战结束，当地内部资源在他明智的管理下逐步得以开发，他也因此得到了当地人民坚定的支持与爱戴，其家族理所应当地取得了稳固的最高统治权。300 年来，他的后代作为王统领这个地区。唐末，他们的无能和腐败越发严重，于是人们从另一个家族选出一名王。从此这个地区开始纷乱不断。政治势力逐渐抬头。最有权势的家族自然认为，他们有着与最新选出的那个家族同样多的权力来统治这个地区。结果人心不定，事态令人不满。正当宋朝（960—1279）初年，担任这个地区王的陈洪进（Chen hung chin）看到一场斗争不可避免，自己也必须屈从于各类旨在夺权的权势集团时，他便把自己的领土交由皇帝处置。他主张这些领土再也不能独立于大宋帝国，而应处于帝国的直接统领之下。皇帝采纳了这一主张，陈洪进也恢复其权威并取得了与总督相似的权力。这一地区立即恢复安宁。而各类权势集团看到他们现在必须对抗国家的整体势力，便静悄悄地解体，后两个朝代期间，这个地区再也没有重要的标志性事件出现。这座城市归于宋朝统治后，原本一座开放的城市，现在却被一座方圆4里（li）的泥墙围住。150年后，这些泥墙已经严重腐烂，为了防卫和普遍利用，它们被石墙取代，这无疑是一个巨大的进步。

"漳州历史上并未发生任何重大事件，直至清朝初期（1644），厦门和附近地区被郑成功占领，他公开叛变以对抗新王朝的统治者。顺治（Shun che）十二年（1655），郑成功袭击漳州，不费吹灰之力便将其攻陷。但命中注定他不能占领很久。听说清朝大军正从福州出发攻打自己，郑成功了解自己无法与之对抗，便摧毁城墙，据说还拆下了砌墙的石头，将其投入海中。次年，清军以更大的规模重建了城墙。以前这些城墙只有方圆4里，现在已经延伸至9至10里。12年后，郑成功再次包围这座城市，但却未能对这个地方产生影响。清朝早期的士兵，因能极其熟练地击退兵临城下的进攻，声名远扬。他们成功守卫漳州府两三处地方的能力，证明了他们在这方面的本领当之无愧。据说，上次包围中，多达70万人饿死在城里。我认为这些数字过于夸张，但它们依旧体现了人们遭受的前所未有的死亡和痛苦，以至有了这样的描述。

历史的洪流滚滚前进。1864年，漳州的繁荣再次受到打击，长毛叛军将其攻陷。占领期间，他们竭尽破坏之能事。寺庙、公共建筑和官员居所首当其冲。城市的大部分地区变成废墟。估计有40万人四处逃散。大量人员遭到屠杀，整个地区的商业完全瘫痪。待到此城完全恢复到以前的繁荣景象还需很长时间。即使是现在（1872），许多地方还是大片成堆的废墟。原有居民或被杀害，或贫困到没有钱重建家园。只有在一些更商业化的地区才有恢复到叛军占领前繁荣景象的迹象。

大小。很难精确地说出漳州府的大小。应该说，它长约70英里，方圆240英里。但这个地区的许多地方都无法种植谷类。它四周都被山峦包围，而且一些山相当高峻。许多山峦荒凉贫瘠，对它们的所有者相对没有什么价值，而其他覆盖有树木的山峦则得到特别开发，砍下的树木作为木柴在县里售卖。在这些有树木的山里，人口相对较多。

产品。总体来说，这个地区的人民生活似乎要比别的地区好得多。在附近的泉州府，人们要穷得多，而且要比他们受老天眷顾的邻居与生活做更艰苦的抗争。毫无疑问，这是由于漳州地区是一个物产丰富的地方。大多数最重要的一般消费品都产自此处。产品的销售收入为这个地区许多人带来了财富。漳州的主要产品有稻谷、小麦、茶叶、糖、油、姜、蜂蜜、大麻、烟草、纸、油漆、染料、樟脑、木材和木炭。水果也相当丰富，有荔枝、龙眼、橘、甜瓜、香蕉、柿、桃、梨、橄榄、枣、葡萄、桑葚、柚、石榴等。

人口。整个地区人口估计在 300 至 400 万之间。

古迹。漳州地区几乎没有任何有价值的古迹。实际上中国一个很显著的特点就是，几乎鲜有历史古迹存在。似乎无人悉心保护那些能够解释古代传统、或有助于解释任何奇特史实或历史特征的东西。在漳州，我们完全找不到宋朝之前的历史古迹，那些依然存在着的古迹之所以未遭岁月侵蚀，仅仅是因为对于大众群体来说，它们相当重要，因此必须被保存下来。这里我指的是他们的城市和桥梁。那些大众不需要的古迹都已经破败腐朽。不管这些保存至今的有趣或奇特的古迹被放在私人的什么地方，结果都是灾难性的。这个地区唯一值得一提的古迹，就是一座横跨北江的江东桥（或浦南桥）。这座桥的建筑地点风景非常优美。它是一个峡谷，北江正是由此流出山脉那端广袤的漳州平原的。此处的山峦矗立于河流两岸，当然，这些河流也为这里的美景增色不少。由于附近没有村庄，也无人居住，江东桥周围风光静谧旖旎。

我们首次留意到这个地区的桥梁建筑是在宋朝初

期。1190 年，一座浮桥架设起来，使用了 35 年后被一座永久的木桥代替。这座木桥在建成 30 年后，于 1265 年①被烧毁。漳州郡守②为建一座石桥，起草了一份 50 万文的认购清单。所需资金募集完毕后，一座石桥得以建成。根据中国的丈量单位，它长达 2000 尺，桥墩之间相距 80 尺。这座石桥小修小补持续使用了 300 年，直到 1565 年进行了一次彻底大修。1590 年石桥两边修建了石头栏杆，两端也建了两座石牌坊，西端牌坊上刻着"三省通衢" 4 个大字。郑成功叛乱时期，这座桥损毁严重。1673 年，为切断朝廷部队前进的通路，这座桥四处被毁。1678 年，在它用木头重建后不久，郑成功的一名将领再次将其烧毁。1679 年，福建总督用木头将其重建，但使用效果不佳。1685 年，厦门舰队司令再次用石头重建了这座桥梁。清朝时，它已被修补数次。这座桥相当引人注目，它的桥拱并非圆形，而仅仅是从一个桥墩伸到另一个桥墩的大石板，一些石板有 76 英尺长，8

---

① 江东桥木桥应为 1237 年毁于火。——译者
② 李韶。——译者

英尺厚，3 英尺宽。可惜我们没有桥梁建筑者或他们垒桥墩方法的历史记载。总的说来，北江非常漂亮，水流湍急，雨季有洪水，会涨水 12 至 15 英尺。发洪水时，当河水穿过甚至没过桥面的时候，水流听上去就像在怒吼，而这些桥墩也许自 1265 年就存在至今，看上去和以前一样坚定牢固。

道路。中国最大的一条道路穿过广东省和福建省，经过漳州城所处的平原，穿越一条山脉，并越过刚提到的江东桥。这条路实际上仅是所有地区中现存唯一一条用于商业目的的通路。道路两旁群山高耸，难以攀登，山上只能找到支路。作为中国人建造的唯一一条方便的道路，它成为大批人员南来北往的必经之路。

文化方面。漳州地区还没有很高的文化盛名。在这个方面，它远在附近的泉州地区之下。参加科举考试的人多达 11000 人，但几乎很少有人能在任何一次考试中得到录取。每次通过考试的人数完全固定。漳州的 7 个县里，5 个只允许各取 20 人，其余 2 个县只允许各取 15 人。除了这些地区，漳州城享有每次考试录取 20 人的特权。虽然这个地区文化地位不高，但并非不出名人。一名来自漳州的文人成功地在每次考试中晋级。他以优异的成绩通过了翰林院（Hanlin college）的考试，最终成为六部（the Six Boards）的一名官员。1864 年，他视察漳州时，叛军夺取了这座城市，他不幸遇害。另一位名人来自浦南（Punan）城，他也同样成功地获得了最高荣誉，在考生中名列首位。长泰县也同样有个人取得相似成就，使大家引以为荣。这一事实也永存于他们的一个特征——偶像崇拜里。这个地区对神灵"王爷"（Wang yeh）的崇拜非常普遍。这位神灵在一些寺庙里还有自己特定的灵位，此外，在一些特别时期他还会被带到一艘色彩华丽的船上。不论这艘船到达哪里，人们都会以最热烈仪式欢迎他，并对其治疗疾病、去除邪气等功效深信不疑。但长泰城却是一个例外。在那里人们并不敬重这位神灵，还经常对他恶语相向。通常，中国人特别害怕说神灵的坏话，但对这位神灵却不一样，他们似乎肆无忌惮，毫不畏惧。原因如下：王爷被神化之前，仅是一名进士（Chin shih），即第三等的文人，但同时，长泰出现了一名获得全国最高等级——状元（Chuang-yuen）的人。因此，就地位而言，王爷比他这位著名的同乡要低得多。从职务上看，王爷在他们的城里并无地位。他们相信，这位状元同乡的精神统领了整个地区，因此他们无法接受一名比状元更差的人行使权力，他们认为这一权力应当属于比王爷更优秀的人。这里的人民并不惧怕王爷的权力，因为他们相信有一个比他更强的人来保护自己。从这件事上，我们就可以看出中国人是如何相信现实世界和灵魂世界的确是相似的，他们相信，无论是在现实世界还是在灵魂世界，都一样盛行着等级差别观念。

这个地区唯一真正闻名于世、值得引以为豪的名人是著名的朱文公（Chu wen kung）。

这位名人是中国"四书"（Four Books）的著名评注者。他的祖籍其实是河南（Honan）[①]，但由于他生在福建，便成为这个省的名人。他担任漳州的知州，并在那里去世。

---

① 朱文公祖籍应为徽州府婺源县（今江西婺源）。——译者

泉州府

泉州府讲泉州方言，位于厦门东北部，海路与厦门相距60 英里，陆路距离 40 英里。包括 5 个县，即晋江县、同安县、南安县、惠安县和安溪县。它的东面和南面均滨海，北邻兴化府，西北邻永春州，西邻漳州府。它位于一片狭窄的土地上，几条江流经这里极好地灌溉了此地。主城称泉州府，建在晋江北岸的一片平原上，离晋江入海口 10 英里。它位于一个海角上，北纬 24°56′12″，东经格林威治 118°47′40″，或东经北京 2°22′40″。安溪以它的茶叶著称，位于主城正西端，通过陆路或一条狭窄的河流可达城内，一条叫北溪（Pei-chi）的山间溪流滋养着这座城市。惠安地区位于泉州东北部，南安则位于西北。同安和马巷厅位于西南，形成了这个地区的南部。金门岛、厦门岛和鼓浪屿都属同安管辖。宣为霖（W. T. Swanson）牧师热心地为我提供了以下大部分关于这个地区的描述。

中国许多城市的早期历史充满了大量的神话和寓言，因此要从中确定一些肯定的事情十分困难，也几乎不可能把真实的事情和神话描述完全分开。泉州尤其如此。这是一个府的所在地，居民们对城市的美景引以为豪，并十分喜欢吹嘘它的显赫。对那些对中国有所了解的人和中国人来说，上述事实使确定这座城市的早期历史变得更加困难。据记载，这座城市自唐朝就已存在，所能搜集到的关于它久远历史的资料却极其模糊。但可以确定，在清朝第一任皇帝顺治统治期间，这座城市迅速扩大，城墙几乎全部重修。当时城墙基座有20英尺宽，23英尺高。这些都是它们现在的尺寸，如今看来还是十分稳固，如同刚修建的一样。它方圆20里，或6英里。人们说它比福州城的城墙还要大几分，正因为这样，泉州也许超过了省城福州。这座雄伟的城墙围住了一个很大的空间，迄今为止，这片空间还没有完全被建筑物占据，将来似乎也不会变成这样。城市北面和东北角的城墙内，有一大片空地，经常用于耕作。在南门和河流之间1英里远，有一个人口稠密的郊区。从南部前往城市的通路是一座横跨河岸的巨大石桥，从这一点判断有300多码宽。作为一个中国城市，它已相当干净。街道宽阔，精心铺设了花岗岩石板。从南面通往西门的大路似乎是城里唯一繁忙的道路。其他道路则非常安静，路上几乎没有什么生意人。那里也没有重要的制造业，由于政府的政策，本应从城市里穿过的车马已被分流到其他道路上了。现在，退休官员、现任政府官员和大量文人，或那些胸怀大志者以及他们的眷属构成了这座城市的绝大部分人口。现存的房屋并未完全住满，因此泉州的房产要比这个地区其他地方便宜。泉州如今是一名地方行政长官、一名将军和晋江知县的所在地。加上郊区人口，泉州人口总数在20万至25万之间。著名的郑成功在占领金门、厦门和同安后，从漳州府的海澄县向泉州城门推进，但未能拿下这座城市，最后被迫撤回之前他已占领数年的地方。由于部队未能得到补给，他又被迫撤出这些地区，后来他到达并占领了台湾。此时，满族人悄悄地来到了这些地区并占领了郑成功留下的这些地方。小刀会叛军离泉州最近的时候到过同安，但仅仅占领了几天。泉州出了许多能干的著名官员，最近的有曾经担任两广总督（Governor General of the two Kwang）的黄宗汉（Huang-tsung-han）。他与其他7名官员，被任命为现任皇帝的军事大臣。在康王①（Prince Kung）政变时期，其中两人被处决，黄宗汉和其他人遭到羞辱。这里常见为妇女们树立的牌坊，以表彰她们的贞操、孝顺和对她们亡夫的虔诚。在东石（Tang-chioh）这个位于围头（Hui-tou）湾头的小港里，与福州之间的盐业贸易十分活跃，人们在船上进行交易，运回的货物有杆、木炭和竹子。祥芝（Siong-si）是位于泉州河入海口的一个港口，位于泉州河南岸，与台湾之间有大型贸易往来。大量大米从台湾的打狗（Takao）②运出，由商船运到祥芝并前往泉州、厦门和其他地方。永宁（Eng-leng）和深沪（Chim-ho）这两个距祥芝南部仅几英里的

---

① 汪海洋。——译者
② 打狗于1920年改名为"高雄"。——译者

港口，也正进行着一个相似的、但范围绝无如此广泛的贸易。在运送鸦片的船只被准许停泊在厦门港之前，其中一艘或更多艘都停在泉头（Chuan tou）这个位于泉州河北面入海口的停泊处。安溪地区有大宗的茶叶出口。其他主要产品是盐、花生油和糖。同安地区有少量的靛青出口。近几年来，这个地区大量种植罂粟，据记载，每年种植数量都有增加。在泉州上游10英里近河处，有许多花岗岩采石场。这些石头在整个地区广泛使用，质量上乘。从北京通往广州的大道经过泉州地区。这条道路从惠安到泉州，接着穿过同安达到漳州后向南延伸。路上交通繁忙。大量旅客汇集于此，从最高官员到最底层的苦力都经常由此过往。此路路况良好，休息处都建有普通中国式小酒馆。曾经有很长一段时间，这条路上劫匪猖獗，对普通旅行者来说，旅行几乎是不可能的。但六七年前，罗（Lo）将军①被任命为提督（Te tu）。他以前曾为太平军将士，精力充沛，办事果断。这位提督日夜不休，直到肃清整个地区的恶人。他烧毁了

---

① 福建陆路提督罗大春。——译者

这些人的村落，并杀死了村落里的居民，无论何时何地，他都能抓住他们。不久，这一果敢的行动收效显著。现在，这条大路上再无劫匪，甚至连支路都十分安全。罗将军离职之后，他的继任者似乎并不具备他的行动力和果敢，据说，有迹象表明过去这条路上无法无天的状况可能重演。从泉州府的 5 个县来看，科举考试者和录取人数大约如下：

晋江　　约 2500 人

南安　　约 1800 人

惠安　　约 2500 人

同安　　约 1800 人

安溪　　约 1200 人

整个泉州地区固定生员为 180 人。这个地区最著名的古迹要属安海（Wu-hai）桥，有 1 英里多长，主要由花岗岩建成。

茶叶种植

泉州府安溪县种植茶叶的地点，分布于这个县的绝大部分地方，但是没有把整座山都用来种植茶叶。茶叶种植的土地并非呈阶梯状，它们被种植在悉心照料的花圃里，每一丛茶叶都被一个低矮的石头栅栏和沟渠围住，没有遮蔽，但被选来种植的地区基本上都在山谷中，那里两边都有许多庇护所，斜坡也相对不那么陡。茶叶种植的最高处是在平原上700 英尺的地方，但那些种植在350 英尺或更矮地方的茶叶也许由于更肥沃土壤的滋养，生长得更加繁盛，其实即便这里最好的土壤也只不过是简单的沙土。种植的过程中没有使用肥料，也没有对这些植物进行灌溉。虽然极度严寒很难忍受，但它们并未种植在太阳能照到的朝东的地方。冬季这里经常下霜，偶尔下雪，但积雪并不厚，不超过 3 至 4 英寸。虽然原来的种子是从武夷山（Woo-e-shan）带来的，但现在用于茶叶繁殖的种子都产自此处。一些种子被放进 3 至 4 英寸深的小洞里，3 个月后开始发芽，接着它们被移植，随着植株慢慢生长，土壤也在根处聚集起来。当植物长到 3 年的时候，叶子被采摘下来，大多数植物是一年 4 摘。茶树的绿叶产出自身 1/5 重量的干茶，每丛茶树每年产出大约 1 担的干茶（1/12 磅），1 坪地大约可种 300 至 400 株茶树。这种植物在 6 至 7 年时长到最大，并能繁盛 10 至 20 年。有时它会遭虫子破坏，虫子把茎和枝变成吸管，吸取其茎髓导致其死亡，有时它也会遭到那些主要侵袭旧株的青苔的破坏。一些植物仅高几英寸，但十分茂密，手几乎不会被枝丫交叉处刺到，因为上面都厚实地覆盖着 3/4 英尺长的叶子。在同样的花圃里还种植有其他植物，茎高 4 英尺，但远没有那么多枝丫，叶子长 1.5 至 2 英寸。大株和小株的产量据说是一样的。两株植物中心距离为约 4.5 英尺，平均直径为 2 英尺。①

　　这个地区的其他物产是盐、花生油和糖。

―――――――――

　　①　节选自高顿（G. J. Gordon）先生在《中国丛报》里的一篇安溪产茶地区短途旅行的备忘录。

同安县

同安县（当地方言 Tung-oa）包括另一个较重要的城市，坐落于距厦门岛西北部 30 英里的入海口的尾端。我要感谢麦格雷格牧师提供以下细节：

这个县向南延伸到浯屿，靠近太武山（Tai-wu-shan）山脚，包括守卫厦门港入口的岛屿地带，如金门岛、小金门、厦门岛和鼓浪屿。厦门岛内，有一条浅溪流往同安城。这个县包括一座朝北的山脉、一片平地（溪流点缀其中）和一片包含一些岛屿的大海湾。连绵群山是这个地区北面的屏障，将它同安溪隔开，东北面同南安隔开。这个山脉朝东的支脉是鸿渐山（Hun-chien shan）和崎礐山（Chi chi-shan），在海图上分别为西峰（West Peak）和东峰（East Peak）。一条路穿过横亘其中的群山，从同安通往安溪，并从那里顺着河流到达泉州，但并没有很多人走过这条路。安溪山上种植的茶叶顺北江而下运往泉州或厦门。从漳州到泉州的路经过同安城。由于从漳州到厦门，再从那里经过厦门岛到泉州〔在沙溪（Sha chi）与另一条路交汇〕可以选择水路，因此这条路没有很多人走，否则就不是这样的了。从同安到泉州的路上直到最近，还常有强盗出没，附近的村庄向所有路人敲诈钱财，但由于1864—1865年叛军占领漳州期间，清朝官吏控制下的北方士兵人数众多，这些抢劫遭到镇压。从那时起，这条路就没有危险了。据说这座城市建立于南宋时期，但对它历史价值的重视仅仅持续到了元朝。在蒙古人统治下，它以大轮（Ta-lun）命名，这个名字来源于它附近一座轮状的山峰，现称梵天山（Han-tien-shan）。在郑成功和清朝政府斗争期间，同安城几经易主。一次，所有居民都被满族人杀害，另一次，城墙被郑成功摧毁。南宋著名理学家朱熹的弟子和助手许顺之（Hsu-sun-chi），据说出生于此地。此地的名人还有在明朝十分活跃的《易经存疑》（Yih-king）

的作者林希元（Lim-hi-goan）。这个地区后来产生的唯一名人就是苏廷玉（So-ting-yueh），他在 40 年前道光（Taukwang）统治期间为四川（Szchuen）总督。晚年，他退休回到泉州，所有家庭成员还住在那里。居住在这个地区的最著名的外地人要数朱熹，他年轻时就当上南宋时期同安的主簿。从性格上来看，同安本地人比西边漳州府的人更加精力充沛，性格暴烈，那些住在同安溪畔、金门和厦门海边村庄里的人们尤为如此。直到最近，这些村庄有些还成了海盗巢穴。大陆海岸沿线和金门岛内，生产了大量的盐，而同安县的大米、糖、靛青等普通产品产量至多供应本地消费。实际上，这里的稻谷产量从来都未能满足本地所需。但近年来为了制造鸦片，这个地区种植了大片罂粟，据记载每年产量都有增加。同安的海港石浔（Shih-hsien）（当地方言称为 Chioh jeim），本地车船往来频繁。

与漳州府相比，同安的文化地位很高，但是它这方面的名声却被晋江县所掩盖。泉州城位于晋江县，泉州学派在这个国家几乎无人能敌。小刀会叛军活动期间，咸丰（Hsien Feng）三年（1853），录取人数固定在 22 人。这个地区不同县的录取人数如下：晋江 32 人，同安 22 人，南安 22 人，安溪 22 人，惠安 22 人。但由于同安（包括厦门）募集大量资金为镇压当地叛乱作出巨大贡献，该地区的录取人数有一年达到 72 人，之后固定在 32 人，直到现在依然保持这个数字。当时录取人数的增加推动了教育的发展，现在从某种程度上还能感受到这一点。应试者约有 1600 至 1700 人，真正有写文章的约 500 至 600 人，而行文熟练、有机会成功的约 100 或 150 人。这个县的一些村庄有一个奇特的习惯，人们在正月十五到田里互掷石头、土块、树枝或所有手边的东西。一个姓叶的氏族住在领下叶，经常在宗祠里宴会结束的时候互相斗殴。他们似乎认为，这一年里某些苦难注定要落在这个氏族或村庄里，因此人们更愿意以相互斗殴打伤头颅这种做法，避免这种苦难以发烧、霍乱或饥荒的形式出现。同样的习俗在漳州府的石码也十分盛行。农历七月后半月至八月前半月期间，整个地区在南安有一个前往名为"凤山寺"（原文为铜山汛，Tung-shan-sen）的寺庙的大型朝圣之旅。

　　这座寺庙位于神圣的郭圣王（King Kwoh）墓葬旁，郭圣王仅十三四岁就死了，有生之年似乎并未做过出名的事情，他的墓不知怎的，却变得十分有名。随着他生日（农历八月）的临近，来自南北数十万朝圣者，从浙江省、广东省，慕名前往此地。此时，泉州附近的道路人来人往络绎不绝，满是10到40人成队的朝圣者，他们肃穆地前行，与普通行者不同的是，每人都携带若干小旗，胸前都绑着一个小佛像。众多朝圣者坐船从南方出发，经过厦门。一些人还为自己的朝圣之旅（许多情况下是为了完成誓言而采取的形式）添加了一些苦头，如途中每3步或10步一跪。墓旁的寺庙聚集了一大群祭司，他们贩卖小旗、灯、蜡烛、香烛等物品，生意兴隆，也增添了整个仪式的气氛。

金门

厦门以东一条 5 至 7 英里宽的水道将厦门岛与水道中央的小金门岛隔开，小金门岛处于北纬 24°20′30″，东经 118°16′30″，旁边的金门岛上城名与岛名一样，那里本地贸易不多，据说有 1 万名居民。金门岛的西南面是一个叫金门湾的港口，东北面是大陆。

蔡青宪（原文为蔡青献，Tsai ching-hsien），这位在明朝嘉靖皇帝统治期间身居高位、历史上赫赫有名的人出生在金门，当时整个国家分成 13 个省份，他统治了其中 5 个以上。

动物群

　　除了老虎，外国人对这里以及附近地区的动物知之甚少。对这个问题的调查使我能在已有信息的基础上略作补充。

　　目前能够确定的是，这里有老虎、豹子（本地人称为pah），还有我认为是猞猁的一种动物。在永春的大片自然森林里，有记载发现了狼。怪石嶙峋的群山从浦南城延伸开来，形成了附近地区的高地，据说还有野猪出没。在这片山区，狐狸、野猫、獾、犰狳、豪猪、刺猬、鼬、老鼠、豚鼠等动物数量众多。

　　以前，老虎仅在群山中人口稀少的偏远地区出没。之后，它们变得数量众多，胆大妄为，几乎每周都会骚扰人类，有记载显示，它们会袭击本地人，和有人生活的开垦平原，有的袭击甚至发生在深夜两三点。它们引起的恐慌使山脚下一个小村的居民弃村而逃，去寻找一个人口稠密的村庄作为更安全的庇护所。很明显，原来中国人用于夜间看护庄稼而建在地上的那些小棚屋，现在都用竹柱抬高了许多英尺。人们在夜间行动或旅行的时候，都随身携带火炬和装满炭的火盆。几名做传教士的绅士告诉我，在附近地区总是要带着这些东西，因为平均每5天就有一人被这些凶残的野兽吃掉，而山羊、猪和狗也不断地成为它们的猎物。去年麦格雷格牧师在大清早两小时内无法离开他的教堂，因为一只老虎抓了他的苦力，在教堂周围号叫。我自己也知道几起男人和女人被老虎袭击的事情，有些仅仅发生于几天或几周前。第一起发生在漳州附近，在几个人试图杀死一只老虎的过程中，一名初级军官死亡，两人受伤，老虎逃走。第二起事件中，一位丈夫干活回家后，发现妻子已经死亡，这种情况也许和预想中一样，她是被老虎吃掉的。当时野兽和受害者一起待在房里，在得到援助之后，人们随后从屋顶上把老虎赶走。还有报道称，有两人在海门（Haimen）附近正对鼓浪屿采石场的村庄里被老虎咬伤。据说一个人在他妻子和其他人在场时，被老虎抓住了肩膀，妻子英勇地跑过去要帮助丈夫，抓起老虎的耳朵想把它拖走。但老虎却突然朝她扑来咬伤了她的肩膀。此时，村民们将老虎团团围住，最终将其杀死。在浯屿（外港入口处）后人口稠密的地区，最近发现了两只老虎，人们追踪到了它们的巢穴——一个山洞。人们堵住洞口，整晚用烟熏它们。第二天早上，两人进洞希望发现两只窒息的老虎，但它们却还活着。于是人们烧死了一只老虎，另外一只则逃到洞穴深处，人们也不再追了。此外，几周前，一个人站在山上或断崖顶端，目击了 3 只老虎（也许是一只母老虎和它的幼崽）并行走向一片田地，田里有一人正在劳作。他朝那人大喊，起先并没有引起其注意，最后那人听到了他的声音，但一只老虎已经跑到田里朝他袭来，要逃跑已经来不及了。他站在田地里完全绝望，便拿着用的锄头形的十字镐重击老虎，据说老虎向这个人发动了 4 次袭击，此人的最后一次重击，将老虎成功地杀死在脚旁。还有一个恐怖的故事，一名女子黄昏时在自家门口被老虎抓走，并在附近被咬死。此例中的老虎后来也被杀死。据说一个 50 英里远的叫坑尾（Khe be）的地方虎患猖獗，也许这是由于 1864 年太平军叛军将这个地区损毁严重，肃清了几乎所有居民，1865 年老虎由于缺乏食物便来到了这附近。当然人们也在白水营、浯屿附近以及海门和附近的南太武，以及很少能看到老虎的一些地方发现了老虎的行踪。也常听人说起它们在内港前头的海沧（Hai-tsang）进行劫掠的事。我自己在这个地方内陆山脉的峡谷的潮湿沙床里，也曾几次追踪到了老虎的脚印，还发现了它们的粪便。据说附近一些山洞是它们的巢穴，但我一直未能找到一名向导，指出这些山洞的准确位置。

　　有时，这里有人带来一只、两只或三只虎崽准备出售，由此可以推断这里老虎数量众多。据描述，这种动物有着与孟加拉虎一样的举止，但它们腿更长，身子更短。从我曾见过的一只老虎，以及我养过的一只虎崽来看，这种描述基本准确。

鸟类

内陆地区有一些雉、被中国人称为竹雉（Chuh Chi）的一种鹧鸪、鹌鹑、鸽子、沙锥、鹅、各种各样的鸭子、麻豫、鸬鹚、苍鹭和多种多样的水禽，还有我不时见到的白尾鹫。在这些并不好斗的鸟中，从白嘴鸦到中国和英国都很常见的麻雀，种类繁多。人们在这里发现了一种美丽的名为"戴胜"（Hoo-poo）的珍稀鸟类，数量众多。与中国其他地方一样，这一地区也有鸢、鹰、八哥和画眉鸟（hwa-me-cheao）。

鱼类

我得知厦门市场上有将近 100 种鱼类和水生贝壳类动物。上个月，有一个情况值得注意。大量死亡或垂死的鱼类被发现漂浮在外港水面。起先大家都不清楚原因，但后来发现是水蛭作怪。许多情况下，这些水蛭吸附在鱼身上。吸完鱼血后，它便从鱼身上分离下来，寻找另外的猎物。这种水蛭静止时有 1.5 英寸长，但它能够将身体延长两倍。除了嘴巴，水蛭的另一端有一个吸管，用于牢固地吸附在它的猎物上。在未受过教育的百姓看来，这种生物是当政王朝的不祥之兆。

爬行动物

这个地区的爬行动物包括各种蛇类，一些蛇的标本长达 6 至 8 英尺。它们大多无害。一种小型鞭状蛇和一种特别的水蛇，在这些海域数量众多，据说有毒。一种汤匙头蛇（也许是眼镜蛇，由于头型像汤匙而得其名）和另一种斑纹蝰蛇，也都有毒。蜈蚣和蝎子十分常见。

第三部分

贸易；宋、元、明、清贸易概况；欧洲船只首次到达；委托给海岸卫队的海外贸易税收监督；关税制度；征收的关税数量；监督者挪用公款；移交给朝廷里控制太监的机构——南厂（Nai chien）的控制；控制权移交当地政府；厦门海关的首次建立；现存体制下海关管理权移交给福州的清军将领；与欧洲国家的早期贸易联系；大臣关于这个话题的有趣记录；东印度公司与厦门地区的贸易联系；禁止与外国贸易往来；因《南京条约》而重新开放的厦门港。

外国海关监督（foreign Inspectorate）下的贸易；1862—1872 年进出口贸易和复出口贸易值；同期征集的税收；贸易总体评价；厦门与台湾之间的茶叶贸易。

　　很难确定厦门和外国贸易往来开始的确切日期，但是卫三畏博士在他的《中国总论》书中第 418 至 419 页写道："西方国家有关中国知识的最初记载，只能追溯到著名地理学家托勒密①（Ptolemy）所记载的内容。他自己似乎受惠于提尔（Tyrian）作家马里努斯（Marinus）。但在此之前，关于孔子家乡的存在，以及人们对那里出产的华丽丝绸的欣赏和需求的相关描述，已经到达欧洲。试图弄清这些早期记载里的地名十分困难，也是没用的。被称为卡提噶拉（Cattagara）的商业中心可能就是广州，也可能是福州或厦门，因为这些地方都是天然的转口港。"德庇时②（John Davis）爵士在第 19 页中说道："关于中国知识的记载中，大量证据说明，以往中国与外国的贸易比现在开放得多，人们相当有进取心。只是在满洲人征服中国后，欧洲贸易便被限制在了广州。"他进一步提道，在 13 世纪末西方的玛勒巴（Malabar）海岸

---

　　① 托勒密（Ptolemy，90—168），古希腊地理学家。——译者

　　② 德庇时（John Francis Davis，1795—1890），英国汉学家，早年前往中国，曾经担任东印度公司驻广州的大班以及英国政府驻华商务总监。于 1844 年接替砵甸乍出任第二任香港总督。——译者

曾出现过中国船只，并补充说，甚至在 7 世纪之前，当地记录里就出现了中国派使团出访周边国家要求互通贸易的记载。中英贸易最早的尝试发生在 1506 年，当时 3 艘船只携带伊丽莎白女王给中国皇帝的信函驶往中国，但途中迷路，于是这个计划就被搁置；而广州东印度公司的最早记载要追溯到 1637 年 4 月 6 日。但是，可以确定很早以前，厦门、菲律宾、巴达维亚的荷兰和英国殖民地、苏腊巴亚（Sourabaya）、巽他（Sunda）海峡、巴东（Padang）和苏门答腊（Sumatra），实际上就与整个马来（Malay）半岛、暹罗湾、婆罗洲（Borneo）海岸，甚至远达巽他群岛（the Sunda Islands）远东部分的帝汶岛（Timor）和荷兰领地等地区存在贸易关系。当时，厦门港是在海澄（Haitien）这座南江（Nanchiang）上游的大城镇上，距现在的港口 14 英里远，《厦门志》中记载了以下事件：厦门作为贸易港口开放之前，海上船只进港时都要经过大担（Taitan）岛，然后进入海澄，在那里他们向地区行政官报到后，得到许可就前往石码，一些当地商行如果遵从港口法规，便被允许装卸货物。但却找不到关于这种贸易的实质和价值的真实记载。石码和海澄海湾的淤塞促使港口必须移到厦门。

罗马天主教传道者到访之前，东方人的历史和地理信息来源仅仅是中国的史书、地理著作和游记。这些书籍关于这个地区的介绍展现了厦门作为商业中心，要追溯到 190 年以来这个相对较近的时期。在此之前，这个地区繁盛的海上贸易和对外贸易，由漳州和泉州两个城市控制。

宋朝第 7 个皇帝宋哲宗统治的元祐（Yuan-yu）年间（1086—1094），福建省首次开放外国或海外贸易，一名官员被任命监督（从他的头衔"市舶提举司"可以明显看出）税收及其他相关外国往来的货物贸易。之前海外贸易被禁，如今解禁后，人们为找到一种新的生财之道而激动不已，虽然这十分危险，但利润丰厚。人们蜂拥而至，对外贸易不断增加，商人大量涌入，单靠一名官员无法保证有效的监督。为挽救事态，政府让普通地方官员（即知州、通判、知县、监官），在一名被特别任命负责监督货运和船运的转运司的监督下，在不同的进口港检查货物。

随后的元朝，这种贸易以同样模式发展。13 世纪初[1]，对外贸易已经占到一定份额，当地政府发现在照管他们自己税收的同时，还要监督征税，并对如此广泛的商贸交易相关事宜进行立法，这是难以兼顾的。因此，他们不再为其所累，一个由 7 名官员组成的机构被特别任命管理这些事宜。

明朝时期，先有日本人、后有郑芝龙和他的儿子郑成功在这片沿海地带进行掠夺破坏，因此这里的贸易开始衰弱。明朝任命的 3 名高级官员遭罢免，人们发现 3 名下级官员也能有效地控制贸易。当这些问题导致贸易完全停止时，这些人员从原来的泉州府（外国人称之为 Chinchew）搬到福州。

《东西洋考》[2]（Tung-hsi-yang-kao）中记载，派官吏登上每艘离港船只进行检查看其是否超载是宋朝的一个习俗。接着官员们在附近地区的一些石头上刻上船只的名称、离港时间、目的地等。随后的两个王朝都实施了这一措施，但后

---

[1] 确切的日期还不清楚。《八闽通志》（Pa-min-tung-chih）将这个日期定为 1316 年，然而《泉州吏官制》（Chuan-chou-li Kuan-chih）将这个日期定为 1298 年与 1309 年之间。

[2] 《东西洋考》，明张燮撰。书成于万历四十五年（1617），书中介绍了外国的情况。——译者

来逐渐废止。

欧洲船只到达的首次介绍要追溯到 15 世纪初。正如所记载的，明朝第 8 任皇帝成化（Cheng-hua）和第 9 任皇帝弘治（Hung-chih）统治期间（分别为 1465—1487 和 1488—1505），到达的外国船只中，有一些体积相当庞大。在稳获丰厚利润的一些当地人协助下，这些船只一直进行着大宗货物的走私，直到与日本人的纷争爆发，所有税收才被迫中止。不久，海禁重新开始实行。

关于清楚地阐述这些欧洲船只到达的记载直到几年后才出现。1548 年，即明朝第 11 个皇帝嘉靖（Chia Ching）二十六年①，法兰克人（Frankish）的船只载着外国商品到达距厦门海边 7 英里、位于泉州府和漳州府之间的小岛浯屿。他们与当地人的贸易十分活跃，但官员们不赞同这种贸易，认为外国人为他们的贸易开辟入口的努力只不过是进一步强占中国的前奏。因此，官员们决定把这种贸易遏制在摇篮里。于是巡海道（Hsun-hai-tao）（即海岸警卫团司令官）柯乔（Ho-chiao）派遣一支部队阻止这种贸易。但此举毫无效果，一名

---

① 1548 年应为嘉靖二十七年。——译者

叫朱纨（Chu-wan）的监察官抓捕了 90 余名商人，将他们集体处死，引起了商业团体的极大恐慌，之后所有的商业活动暂停，贸易陷入停滞状态。但这只是一次暂时的中断，20 年后，当地官员清醒地意识到国际贸易的重要性以及可以从中获得的利益。1567 年，福建巡抚涂泽民（Tu-shih-min）上书皇帝请求取消沿海居民自由使用海域的禁令，并呼吁与所有外国（除日本）通商为合法。这一请求得到批准，大型贸易经由南诏之梅岭（Meiling in Nanchao）再次开展起来，直到频繁的海盗骚扰迫使路线改到海澄。因此海澄这个新港得以迅速繁荣起来，贸易和财富源源不断涌入，据史料记载，1564 年，一名同知（Tung-chih）（一名官衔很低的官员，但依然比这个地区任何引以为豪的官员地位高）加入了收税官员的行列。两年后，海澄立县。

1573 年前，对外贸易的赋税征收并未委任给吏部（Civil Service）的任何分支机构，而是交由一群专职官员处理，其意图十分明显，而现今他们处于另外一个总管的控制之下。但是 1573 年，一个征收赋税的海关由漳州知府罗青霄（Lo-ching-hsiao）建立起来，它的监督权交给了统领海岸卫队的同知。

1567 年，后来担任海关总管的王起宗（Wang-chi-tsung）在奏折中建议，要在圭屿（Kuia-hsu）这个几乎正对海澄的小岛上建立一个分支机构，结果海岸卫队司令的职责增加了。虽然记载中并未这么说，但是这一变动部分原因似乎是为了避免在离海澄如此近的地方维持另一个机构的开销，而更主要是为了确保海关总管，作为统领军队并委以军队控制权的官员，他的职责不仅是制止这个地区猖獗的走私行为，而且还应清除骚扰这个地区的海盗前往此地的通路，确保他有达到这些目的的手段。但由于权力的纷争和利益的冲突，这些目标当时还无法实现。

1576 年，在福建巡抚刘尧诲（Liu-jao-hui）的建议下，政府决定将船运的税收投入部队的军饷中。那时，为了控制尽可能多的税收，并按一个固定数额征税，使政府可以依靠这笔收入，当局起草了一种关税制度，主要包括 3 类。第一类是执照费用，根据执照是否具有与台湾北部港口淡水和鸡笼通商的权利可以分为两类。与除台湾外的任何外国港口通商的执照，需要支付 3 两银子。如希望与淡水和鸡笼这两个港口通商，原先文件中就需要保证这一结果（在第一种情况中，两个文件必须是一样的），还必须支付另外 2 两的税。其中最重要的税收便是水税（Export duty）和陆税（Import or Inland tax），这是交还给国库的最大一笔数额。这么多年后要准确地追溯这些税收的本质十分困难，统计著作也鲜有记载。但可以推断，水税是向船只的主人或租船人来征收，并根据船只的大小进行计算，因此，考虑到征税的方式，它可能与我们的吨税（Tonnage dues）而不是水税更相符。另一方面，陆税是向商人征收，并根据分配的货物数量来计算。因此，每一艘进出港船只有可能只需粗略地征收一笔费用，对于出港船只，只需要租船人交税，而进港船只，则需要货主根据所购货物数量的比例交税。每艘船都需加征一个 150 两的"加增饷"（Additional tax），虽然我未能发现船只进出港时是否如此。除了以上所述的税收，为了防止菲律宾银和日本银（这些国家的船只用这些银子来交税）中掺以杂质使政府遭受损失，1860 年《天津条约》批准之前，在向中国的外国商人征收的税收总额中需要加征一个 1.2％的溶解税。

同时，每年都需统计的税收固定在 6000 两，4 年后增加到 1 万两，1594 年，又几乎 3 倍增长到 29000 余两。但是，这一机制导致大量贿赂，收税者付清了每年上缴给国库的固定数量后，并未向上级报告任何盈余，而将其留作自己的额外补贴。由于贸易繁荣发展，税收十分庞大，但依法得到的数量仅是实际总收入的一小部分。尽管这个数目曾经增加到以往的 3 倍，然而收税者聚敛的大量财富却让人们见证了一个丑闻［这在赢缩（Ying-so）当政时达到顶峰］，以至于当局发觉他们必须坚持法律的执行（这些法律多年前就被通过用以规范收税员这一职务的任命，现在已几近废止），但每年都要更换监督长官，因此政府决定今后每年从这个省里的某个地区选出一名同知来填补这个职位。

当刘尧诲提出将这笔收入用于军队供给的建议被采纳后，光是海澄海关征收的税收就在监督人即海岸卫队司令官的命令下，交给军队供其开销。当地记载中提道，一段时间过后，泉州军库耗竭，于是漳州府和泉州府地区的长官便上书建议，在两地之间的中左所（Chung-tso-so）（后被称作厦门）建立一个官职，其职责为判定这艘船只是否来自东海，如日本或中国台湾，还是来自西方，如马尼拉或与这个港口还保持着商业联系的马来群岛中的众多岛屿之一。如果这艘船来自东海，税收则归泉州国库，如来自西方，税收则归漳州国库所有。当然，这实施起来很难，因此一切维持现状不变，直到 1600 年，万历皇帝开始调查和检查全国的民众商业行为，之后这也为官员们效仿。在整个朝代尤其是近几个皇帝统治中影响远大、薪俸优厚的太监高寀（Kao-tsai）接圣旨前往检查大陆和海上的海关监管情况。他能力出众，揭露了近来使整个体制蒙羞的一些滥用权力的行为，建议并实行了一些彻底的革新措施，但他只是在心里盘算自己的计划，而不愿切实为国效劳、服务政府或改善人民生活，因此这些滥用权力的情况依然故我。唯一的差别就是是太监而不是当地官员以税收的代价来中饱私囊。实施的主要变革是恢复将省内和海上的土特产运往内务府（Nai-wu-fu）（内务府是京城的中央机构，负责指挥朝廷所有事务），并将对外国或海外贸易的税收控制权转交给一个负责控制朝廷宦官的管理机构——南厂（Nai-chien）。这名官员在派遣自己阶级的成员接受全省范围内的任命上并未花费时间。然而这个体制并不长命。14 年后，高寀下台，所谓的改革完全失败，现在看来他的真正目的只不过是要扩大宦官的权力。后来，南厂被剥夺了税收控制权，同时税收也被减为之前的三分之一，并在当地政府中每年任命一名官员接管税收。但对于一些特别重要的事宜，他必须向上级长官征求意见。这种情况一直持续到明朝的最后一个皇帝崇祯统治结束，当时郑芝龙已经开始了他对中国这个地区的侵扰，正如前面所提到的，他夺取税收，不久便导致贸易中止。

康熙二十二年（1683），中国皇权稳固，当地主官通过工部（the Board of Works）向皇帝指出，由于依然延续旧的对外贸易的禁令，人民的一些利益遭到剥夺，并请求福建省能和 3 年前山东省一样，开放海外贸易。由于这些上奏，禁令取消，海域向沿岸居民开放用于捕鱼或商业目的。在刚刚结束的动荡时期，龙江带来的冲积土使河床变浅，以前经常光顾这里的大型船只难以航行，因此有必要建立另一个港口。厦门处于河口，具有很大的港口容量，尽管它不具有政治重要性，实际上也绝对缺乏商业资源，但定下这个地点之后，同年就开办了一个海关。

这个地区的居民与中国其他地区人民相比，总是以冒险勇敢著称，因为要逃离饥荒和海盗掠夺引起的灾难，大量移民前往马尼拉和马来群岛。随即大型商业繁盛起来，短时间内就达到很大的规模，这说明如果加以正确发展和引导，这些贸易可能会带来相当丰厚的利润。但在繁盛和增长了36年后，官府认定这种贸易会带来有害影响，便以稻谷等货物被走私到马尼拉和巴达维亚的行为违反了商业法规为理由，再次禁止海外贸易。

随后几年，这里的人们被剥夺了赖以生存的途径，又为庄稼歉收等灾祸所困扰，只得通过抢劫来逃脱饿死的命运。此时，统治者意识到减缓苦难的唯一方式就是为这些穷人找到新生计。通过给当地农产品找到有利可图的销售出路，雇佣大量人员从事船运等工作，并刺激当地制造业和移民等手段来解除海外贸易禁令，将是达到这个目的最可行的方式。1727年，闽浙总督高其倬（Kao-chi-cho）请求皇帝陛下将海外贸易合法化。他的要求基于两个原因：首先，这么做，人民的财富便会大量增加，省库就能由海外贸易的税收填满；其次，天灾连连造成庄稼歉收，从外国进口稻谷可以解决粮食问题。他的请求被批准后，厦门与南洋（the South）的贸易开始繁盛起来，利润颇丰，从此，这种贸易除了受过度征税和过高费用等间接方式影响，其他再未受干扰。

正如所记载的，税收的征收被委任给 1614 年后上任的当地官员。情况在台湾归顺时期以及 1683 年厦门海关建立时期，一直持续如此（动荡时期税收是如此，后来肯定不是这样）。第二年，福建和山东两省的海外贸易都被承认为合法，两名海关的监督官，包括一名满人和一名汉人被任命控制税收。然而，于 1719 年颁布的禁令被总督取消后，1729 年由总督行使控制税收的权力。

这种情况一直持续到 1788 年，当时统领福州清朝驻军的将军被任命为整个省的海关总督，他也任命了一些副职控制下属职位。这就是当时实行的体制。

葡萄牙人是与中国进行外贸的先锋。1516 年，拉斐尔·佩里斯特罗①（Raphael Perestrello）来到广州；第二年，一支由 8 艘船只组成的舰队在费尔南·佩雷兹·德·安德拉德（Fernao Peres de Andrade）的指挥下，到达中国海岸。他们

---

①　拉斐尔·佩里斯特罗（Raphael Perestrello），葡萄牙探险家，是登陆中国南部海岸第一人。——译者

与中国人之间的贸易发展迅速，早期在这附近的泉州港和宁波港开展贸易活动。史料记载，1545 年，浙江省政府袭击了宁波当地的基督教徒和葡萄牙人，杀死了 900 名基督教徒和 300 名葡萄牙人。4 年后，葡萄牙人被从他们在泉州新建的定居点赶走。与那些精通商业的稳健商人或放债者相比，这些早期商人更具浪子或冒险家的特点，他们更精通武器，与中国人的交往缺乏审慎。他们颇具挑衅心、武断而好斗，在岸上取得立足点后，继续建立堡垒，接着试图开展征税、勒索等活动，因此在中国人心里种下了对外国人及其动机不信任的种子，这种不信任在现在也时有表现。步其后尘的西班牙人、荷兰人和英国人也追寻着相同的轨迹。主要在 16 和 17 世纪期间，葡萄牙人、西班牙人、荷兰人和英国人犯下的罪行激起了亚洲人的怀疑、蔑视和仇恨，而后这些情感也完全转移到美国人身上。一位作家撰文探讨了美国对马来亚以外的亚洲（Ultra Malayan Asia）命运的影响，他在 1838 年《中国丛谈》第七卷第 77 页说：

　　历史表明，日本太阁（Taiko）、将军（Gongin）和日本王权的继任者（那些创立日本外交政策的元首们）完全意识到欧洲人在东亚土地上的侵略程度。无论那几个世纪野心勃勃的日本人和他们的中国同辈流浪到何处，从印度到墨西哥的阿卡普尔科（Acapulco），他们都会搜集同时发生的关于欧洲企图和行动的传闻，并将其带回。这些传闻大同小异，只是在对欧洲人的欺骗、残酷以及专横侵略方面的解释有所不同。在我们和那些岁月之间存在多年的面纱已被揭开，演员们和他们的行为也基本上被遗忘了。但实际上，我们只需研究这些依然存在的记录，看看地图，就能知道当时所知的东亚版图上几乎没有一处能完全逃脱欧洲的侵略，这是完全真实的。弱势地区以开发和征服之名被夺取，得到了最高基督教会权威的批准。对于那些过于强大难以侵略的国家，每个贸易者都试图通过诽谤中伤、掠夺其他国家的对手来达到相同的自私目的。双方都没有任何底线。西班牙人谴责荷兰人是君主统治下的暴民，而荷兰人秘密地供出了科尔蒂斯①（Cortes）、皮萨罗②（Pizarro）和阿尔瓦（Alva）。没有欧洲人会愿意当着另一个欧洲国家国民的面接受指控，要是这能使这些异教徒的帝王乐意进行宣判，那么刽子手肯定少不了。这就是欧洲首次与东亚交往的那个时代的特征。这些也是当时保留并传播的记录。这些记录铭刻在文献中，与传统交织在一起，被认为是一种教育，并进入这一术语的每个概念中，每当提到欧洲人这一名称时它们便会不知不觉地冒出来。这就是悲哀的继承，并且东方人以为这其中也有美国人的祖先酿下的后果，他们也理应付出代价。在这些想法的作用下，他们被赶出日本港口，在中国港口也受到限制。

---

①　荷南·科尔蒂斯（Hernán Cortés，1485—1547），是殖民时代活跃在中南美洲的西班牙殖民者，以摧毁阿兹特克古文明，并在墨西哥建立西班牙殖民地而闻名。——译者

②　弗朗西斯科·皮萨罗（Francisco Pizarro，1475—1541），是西班牙早期殖民者，开启了西班牙征服南美洲的时代，也是现代秘鲁首都利玛的建立者。——译者

这些专横措施的直接结果就是，外国人被驱逐出中国大陆，于是他们来到台湾等地，以求在中国海域进行非法贸易。当局和当地商人很早就完全了解到外贸的价值，这些价值能够从前后几任监察官给事中（Ki-shih-chung）给皇帝的上书（这是一份相当具有自由主义的、政治家风格的奏章）中归纳出来，这里恕我冒昧插入一段它的节选翻译。

明崇祯（Chung chen）十二年（1640①）三月，给事中傅元初（Foo-yuan-choo）向皇帝上书②，要求解禁海外贸易，并在厦门增设一个进口港，使福建省的走私合法化。他阐明必须筹集资金用以动员并供给军队，因此必须向农业征收尽可能多的税赋。上书中，他建议目前这一关键时刻不应考虑这种做法到底有害还是有益，而必须尝试在实践中进行一些修正。有了福建海上贸易发展所具备的优点，作为一名福建本地人，傅已为上书做好充分的准备，他明白自己给大臣何乔远（Ho-keao-

---

① 明崇祯十二年应为 1639 年。——译者
② 《请开洋禁疏》。——译者

yuan）的奏章中已开先河，何数次敦促朝廷采取革新措施，但总得不到批准。他能从海上边境走私历史里搜集到的信息，大致如此。

1573 年，海澄港月港（Yue-keang）地区每年的海外税收达到 2 万两，足够维持当地驻军几年的军饷。在那种和平时期，不需要更多的军队上阵打仗，政府也没有下拨额外的经费准备击溃海盗，于是后来这些海盗骚扰并掠夺了所有周边地区。同时，西方海盗也公然出现，通过海盗活动和抢劫船只引起恐慌。因此，当地官员就事态发展情况上奏皇帝，指出这些活动已导致贸易停滞，税收断绝。作家们热衷撰写关于福建农民的文学作品，把他们描述成航海的一个部族，由于他们主要依靠海产品来维持生计，因此把广袤的大海看作他们的耕地。平时的这些资源，虽然本质上并不稳定，但还足以维生。但在物资稀缺的年代则民不聊生，极端贫困的景象实在令人痛苦，为了摆脱困境，他们完全不顾生死参与海盗活动。这些沿岸的抢劫侵略是强令禁止贸易的直接结果，因为每次宣布禁止海外贸易，这些人便失去生计，被迫寻求这些绝路，否则就会饿死。整个村庄都被他们摧毁，连不予抵抗的无助的人都被残忍地杀害，年轻人不论男女都被俘虏，这个地区所有可以带走的财富都被无情地卷走。自从海盗首领郑成功归顺效忠于朝廷，他多次击败叛军，使整个地区安定下来，人们也有时间继续从事自己的职业。然而受暴利驱使，他们就如同愚蠢的鹅一般，被诱使犯法，有些人试图在与海岸有一段距离的地方与外国人进行秘密走私，同时，由于大陆的港口与台湾很近，也有人潜伏在台湾海岸以便出没于外国人在那里的居所。由于来往于台湾和几个主要城镇如漳州和泉州（厦门地区）仅需几天几夜的航行，他们很容易这么做。为了阻止走私活动，住在台湾南部台湾府的朝廷有关负责官员，宣布禁令阻止船只入港，然而他们仅满足于此，还纵容葡萄牙人和法兰克人在台湾岛北部的鸡笼和淡水建立机构。因此，与外国的贸易尽管名义上被禁，但由于一些贪鄙官员的默许以及本地商人热切希望从中获利，这些贸易事实上依然存在并广为人知，成为当地人们的谈资，虽然它们目前造成的结果十分令人遗憾，但还是可以通过其他途径进行弥补的。（上奏者是为了使海上和船只贸易合法化并使之繁盛，他将这些贸易的特点描述如下）与遥远国度的外国船只进行贸易的特点可以因此归纳为：除了来自西方海域的走私者和日本人外，暹罗人和柬埔寨人带来了中国最需要、最能够消费的商品，如苏木、胡椒、象牙、犀牛角，而法兰克人和西班牙人的主要物产是银矿，因此他们带来了铸造精巧的银币。我国人民与各国人进行贸易的时候，用自己的产品来交换以上提到的商品，但从西班牙人和其他人那里只能得到银币。这些外国人十分高兴能交换到我们中国的丝织品，因为他们国家没有养蚕，有了生丝，他们就能编织出最精美的织物，用最华丽的衣物来打扮人们。对他们来说，这是一个有利可图的机会，因为像湖州（Hoo Chow）著名的丝绸，在这里是以银为单位记重出售的，而到了他们的国家，价格要翻一倍。同样，海外商人需求量很大的还有江西（Keang-se）的瓷器，福建的蜜饯和其他特产。现在这里就成了我们自己人民从事盈利贸易的好地方，因为我们拥有了那些大家所渴求的商品，并能轻易地处置。有了这些商品，我们仅需这些法兰克人五分之一的能量和智慧，便能轻易地走出国门，成功地与那些外国商人竞争。人民被禁止从事贸易获得利益，因此每种诱惑都能令他们行为不端，并卷入非法贸易。至于上面暗指的一种补救方式，并不缺乏先例（现在则反其道而行），明朝初年，朝廷允许对外贸易，当时东西方海域的人们被号召向朝廷纳贡，并将贡品带到首都，以示他们的忠实敬畏之情，但这并未导致任何暴乱或不良的结果。实际上，这个时期并未发生任何扰乱贸易顺利进行的事情，即便在灾难年代，所有的西方以及东欧国家因帖木儿（Tamerlane）领导下的鞑靼游牧民族而遭分裂之苦，情况也是如此。〔当时，莫斯科遭袭被焚，土耳其奥斯曼（Ottoman）帝国皇帝巴济扎得（Bajazet）于 1402 年被俘，这个时期似乎就是上奏者暗指的那个时期，因为他在下一段中重点提到，由于帖木儿（Timour）在他的首都撒马尔罕（Samarcand）已经做好充分准备，并实际开始进行对中

国的征服，但最终因高烧不治，于是部队被派往保卫边
境以对抗中国可能进行的侵略。〕

　　这些时期，邻近几个国家与中国依然保持友好的贸
易往来，虽然中国必须派遣守军去保卫边境地区以对抗
（来自共同敌人的）潜在侵略，但这并未在它们之间造
成任何混乱。随后，由于台湾和临近海岸形势混乱，明
朝开始对这些地区的安全忧心忡忡，便禁止人们前往这
个海岸，禁令还未取消时，贸易处于这些鲁莽之士的掌
控之下，被沿岸海盗们垄断，至少每年损失了 2 万两银
子的税收，那些合法商人遭受巨大损失。单是国家的损
失就相当严重，而那些被海盗吞并的利益也令人惋惜。
但相比之下，以下事实则更令人恼怒，我们可以看到一
群相互勾结的贪鄙官员，对着因纵容这种贸易而得的赃
物洋洋自得，他们手里敲着银两当当作响，还声称听不
到银两的叮当声，故意向那些比他们"正常"的人炫耀
这些钱财的存在。当时的受益者主要是吞并了这些收入
的非法商人，还有那些利用权威、勒索钱财、谋取私利

的腐败官员，这些人才是使贸易停止的罪魁祸首。后来外贸开放，除了禁止军火、硫和硝酸钾的贸易，允许福建商人与各地商人进行贸易，鼓励浙江与北方省份的其他商人带来他们的丝织品等商品，也允许江西的瓷器商人经常来这里通商。这些收入总额不仅能满足军队的需要，而且还有盈余，许多人估计大概会达到 5 至 6 万两银子，这些超过省里需求的盈余将上缴到北京。沿岸的穷人也可以积聚钱财，使自己能在物资稀缺的年代购买食物，而不是像现在这样，贫穷到为了生计沦为海盗。这样一来，将会切断这些贪官的财路，他们将无法用津贴来投资存储走私品，而这些走私品正是海盗和其他人十分需要，并被诱以高价购买的。为了应对这些变化，应该再次开放港口通商，也十分需要发放一张特别的船只出入港许可证才可允许其入海，否则就要重新将月港这一海澄的港口作为入口港，或将这个港口固定于同安地区的厦门。离港时，出示船只出入港许可证即可，从国外返回的船只必须进入广州或澳门，以防止他们将货物转移到别处。需要委任漳州府、泉州府的知州以及厦门的同知作为海上监督人控制贸易。这些地区的监督官必须负责向副总督（Lieutenant Governor）报告每年的税收数量，所有超过 2 万两银子的盈余必须由他作为保证人，转交给北京的户部用于朝廷事务。上奏者（为了得到一个任命）提到他所在地区的一名官员在镇压海盗和保护船只贸易方面的行为值得嘉奖，又进一步说，正如以前这个地区地方志所记载的，泉州府为从海上来的船只设立了一个官方停泊处，广东水域香山（Heang-shan）地区的澳门还有一个，他自己与许多其他人都认为，广东省和福建省应当一视同仁，所有的福建人对此看法也相似。他恭敬地请求政府向福建总督和省法官下令调查镇压海上贸易这一行为是否合适，如果这并不适当，又不能从开放贸易中得到有益的结果，他们就应该请教泉州府和漳州府最开明的商人，制定一些使商业合法化所必需的有效法规，以便终结那些违法分子所从事的非法勾当，同时也节约用以保障军队的资源。

1651 年，有记载称，荷兰人曾经在这里从事贸易活动，

他们协助政府袭击在金门和厦门活动的郑成功。约 1664
年，东印度公司在厦门和台湾与郑成功的儿子开展贸易，
"但是这个粗鲁的首领对于贸易一无所知，仅想借此帮助自
己获得商船运来的各种奇珍异宝，课以重税"。于是东印度
公司与他签订了一个条约，通过这个条约，他们可以自由地
到任何地方而无人跟随，并随时有见到首领的机会，他们也
有与自己喜欢的人进行贸易的自由，能够自由选择雇员，一
切都做了让步。条约还准许"首领所购任何货物不必缴纳关
税，稻米进口不必缴纳关税，所有进口货物在售出后需缴纳
3％的关税，所有出口货物免税"①。1678 年，东印度公司下
令建立一个工厂。虽然满族人不断增设限制，但在东印度公
司的努力下，贸易又持续了数年，带来了明显可观的利润。
这里和台湾的热兰遮城投入资金达 3 万元，货物投资达 2 万
元，返回的主要是丝织品、白铜和大黄等商品。1681 年，东
印度公司撤销了他们的工厂，两年后，康熙二十二年
（1683），福建水师提督（Marquis）施琅（Hi-lang）奏请皇
帝要求重建海关。次年，一个向外国和本国船只征税的海关

---

① 参阅卫三畏的《中国总论》第一卷。

建立起来。1685 年，东印度公司的贸易因"快乐"（*Delight*）号的到达得以重新开始。1689 年，厦门的商船押运员遭拘禁，不久，一人被用铁链锁在自己的工厂里，付了大量赎金他们才得以释放。1702 年，在厦门和广州，政府批准外贸由单个的特权商人垄断经营。但这种贸易被非法勒索和苛捐杂税所拖累，无法正常进行，于是 1725 年，雍正（Yung-ching）皇帝以法典形式第一次颁布税率表，并严令所有海关官员遵照办理。但这个税率表并未受到重视，"重税、刁难商船押运员、勒索钱财和故意拖延造成损失"依然存在。谈到这些不当行为，一位到过中国的访客写道："如果有人向皇帝如实禀报这些恶行，毫无疑问，受害者将会得到赔偿。厦门颁布的法令证明了那时的内阁对提倡对外贸易怀有诚意，并愿消除他们察觉到的外贸发展的障碍。困难在于如何找到妥当的方式，就这些正是作为上传下达正常渠道的团体所犯下的不法罪行与朝廷进行沟通。"1701 年，东印度公司在厦门的投资仅有 34400 元，但当东印度公司的大部分贸易被转移到广州后许久，这里依然开展着贸易活动。1723 年，汉密尔顿（Hamilton）上尉来到厦门。敲诈钱财的盛行，加上台湾海峡的危险，促使这个公司开始撤退。到 1720 年为止，广州的税收已经升至对所有出口货物征税 4％，所有进口货物则要征税约 16％，还包括对船只大小征收的重税，向海关收税者缴纳的 1950 两银子，以及伙食供应商向船只收取的一大笔费用。1728 年，所有出口商品又增税 10％，直到 1736 年这一税收才被免除。但这里仍然需要缴纳费用。1725 年，《厦门志》谈到了在此处进行贸易并纳贡的西班牙人。他们所纳的贡品也归附于英格兰和荷兰等国。在大清王朝所有统计数据中，记载了乾隆五十八年（1793），英国首先带来贡品（"英吉利国乾隆五十八年遣部臣入贡"）。

　　中国似乎特别偏爱西班牙，因为当英国贸易在广州受到限制的时候，西班牙在澳门仍享有贸易特权，并能在澳门和广州港进出。西班牙既没有完全从它当时享受的特权中获得利益，也没有从它所占领的美丽富饶的菲律宾群岛这一地理位置中得到好处。由于贸易需要大量中国人，而他们也仅需四五天的平稳航行就可以到达西面的印度、南面的马来群岛、东面的太平洋群岛以及新兴的新世界帝国（Empire of the New World），因此西班牙占据了无人可敌的贸易优势。

1734 年，一艘英船"格拉夫顿"号（*Grafton*）被派往厦门，但厦门的苛捐比广州重得多，因为除了正常的税收，海关还要加征 20％的税收，于是这艘船只得撤走。1744 年，东印度公司的"哈德威克"号（*Hardwicke*）收到情报，称有 3 艘西班牙船只正在澳门附近准备堵截它，于是当这艘船驶出厦门后，被官员迫使交出武器弹药，并无条件地在内港停泊。这艘船在那里停泊了 15 天，并未进行任何贸易，还遭受了难以容忍的苛捐杂税，最后被迫未载任何货物，冒着雨季驶往印度。德庇时爵士在第 55 至 56 页写到了此时的广州："尽管商船押运员进行了陈述，但是苛捐杂税依然增加。商行的商人努力尝试，终于成功地阻止了欧洲人与政府官员的联系，并发现通过那种方式，他们能够更顺利地向双方征税。那些外国人声称官员们就是所有贸易勒索的始作俑者，官员们却称这些外国人相当野蛮残暴，根本听不进道理。我们贸易遭受的不公导致了一次抗议，不满理由为：卸货耽搁；货物遭劫；政府每年颁布公告污蔑外国人，指控其恐怖罪行，以激起民愤；官府胥吏走卒的欺诈勒索；与当局官员联系困难。"他还补充道，"值得忧虑的是，欧洲人之间缺乏团结，因此他们试图得到补偿的努力常以失败告终。"

那时，一有船只到达这里，就要派一艘船去盘查它的船名、国籍、所从事的贸易，还要求确切汇报船员人数、携带武器和货物以及打算停留的时间。这些信息，连同船上武器弹药和军需品，都交由当局处理，还要被征收 1700 元的港口费，才能给它签发一个留港许可证。官员们似乎还有权裁定外国船只的内部经济管理问题，如 1720 年 "成功" 号一案，海防厅受理了水手们抗议船长的一宗诉状，并将奖金分配如下：

船长 …………………………………… 1466. 101 英镑

副船长 …………………………………… 733. 55 英镑

船舶上尉、中尉和随船医生 ………… 488. 168 英镑

普通水手 …………………………………… 97. 154 英镑

但在船长被迫分配这些钱之前，他命令，为了船主的利益，要确保半数货物的安全，这些利益包括现金和价值 6000 至 7000 英镑、精心打造的金银珠宝。这些财物被送上一艘葡萄牙裔的东印度公司商船 "天使女皇" 号（*the Queen of Angels*）的甲板，统帅为唐·弗朗西斯科·拉费罗（Don

Francisco La Vero）。但这艘船不幸于 1722 年 6 月 6 日在里约热内卢（Rio de janeiro）被烧毁，扣除打捞费用，这些船主到手的钱不超过 1800 英镑。一艘来自马德拉斯的英船"安妮"号（Ann）已被它大部分货物的购买者榨干（据记载，这些购买者是官员推荐的），于是这艘船在得到约 1500 两价值的货物后就告破产。船长并未大肆张扬自己的委屈，而是在收到港口许可证和枪支后，给枪上膛，肃清船只，召唤水兵进入战斗岗位，并挟持一艘载有它两倍价值货物的日本船驶离海湾。20 至 30 艘满载人员的船只前往追赶，但这名强悍的船长用他的坚船利炮朝那些船只开火，将其击退。这事传到皇帝耳中，他责令惩罚这些官员，并没收他们的财产，直到日本船主感到满意为止。这次事件的严重程度导致清政府在一段时间里跟英国船只打交道时更为谨慎。

这里我们无须进一步列举细节，需要指出的是，随后的贸易时断时续，后来朝廷发布圣旨，命令东印度公司人员撤出，将今后所有的对外贸易限制在广州。这一法令得到遵守，港口也对外国人关闭，1842 年 8 月 29 日在南京签订的条约使它们得以合法地重新开放。

此处，我们也无须说明导致这个条约和随后与英国、美国、法国等国签订条约的事件，只需粗略地看看自海关税务司（Foreign Inspectorate of Customs）建立以来贸易的进展就够了。

自海关税务司建立以来的贸易

虽然清朝与英法两国的条约于 1858 年 6 月在天津签订，并于 1860 年 10 月在北京得到批准，但直到 1862 年 4 月 1 日海关才首次在海关税务司的监督下在厦门开放。

随后 9 个月里，394 艘船只，129677 吨货物进入厦门港，364 艘船只，119412 吨货物出港，进口贸易总值 5042307 元，以当时的汇率，合 1177242 英镑，出口贸易总值 2226251 元，合 522199 英镑。金银进口 405170 元，出口 909612 元。关税、海岸贸易税和吨税总计 306210 银两，合 102070 英镑。进口各色布匹 70593 匹：其中毛织品 5866

匹，原棉 15468 担，棉纱 5721 担。进口五金 18953 担，鸦片 2047 箱或 2384 担，其中 273 担又被复出口。

当时，复出口（re-export）贸易的市值约为 519829 元，合 121933 英镑，并未从进口贸易的总市值中扣除。它主要包括布匹、毛织品、原棉、五金、鸦片和当地杂货。出口主要产品有黑糖 39921 担，白糖 8898 担，冰糖 46781 担，茶叶 5329283 磅（其中英国仅直接得到 345886 磅，而美国则得到 3318752 磅），纸 15963 担，瓷器 6956 担等。这里仅简略地列举最重要的统计数据和贸易商品，因为这 9 个月并没有关于这个港口贸易的报道。

下列表格将比文字更直观地展示最终进口、出口、复出口和税收的总值，这些数据搜集自海关税务司监督下厦门海关开始运作直至 1871 年 12 月 31 日。

时间	进口总值		出口总值		复出口总值	
	元	英镑	元	英镑	元	英镑
1862 年 4 月 1 日至 12 月 31 日	5042307	1177242	2226251	522199	519829	121933
1863 年	8430991	2048036	4092574	994129	382447	92369
1864 年	9419625	2276409	3773811	912004	774877	187261

续表

时间	进口总值		出口总值		复出口总值	
	元	英镑	元	英镑	元	英镑
1865 年	12974724	2919313	2699286	607339	1225636	275768
1866 年	12004531	2701019	3989843	897714	1251288	281539
1867 年	9814144	2208182	3597057	809337	1019092	229295
1868 年	7421750	1669894	3226078	725867	1017357	228846
1869 年	9136900	2055802	4147893	933275	1168244	626854
1870 年	8513009	1915616	3410710	767486	1673938	376673
1871 年	8511074	1844066	4583576	993108	1713883	371341

税收总表

时间	进口税收		出口税收		海岸贸易税		吨税		总计	
	海关两	英镑	海关两	英镑	海关两	英镑	海关两	英镑	海关两	英镑
1862 年 4 月 1 日 至 12 月 31 日	126793	42264	150169	50056	13787	4595	15461	5153	306210	102068
1863 年	184121	61373	237984	79328	29201	9734	19686	6562	470992	156997
1864 年	219502	73167	206514	68838	26693	8898	22200	7400	474909	158303
1865 年	245000	81667	167318	55773	27898	9299	31762	10587	471978	157326
1866 年	252250	84083	224204	74735	34996	11665	21698	7233	533149	177716

续表

时间	进口税收		出口税收		海岸贸易税		吨税		总计	
	海关两	英镑	海关两	英镑	海关两	英镑	海关两	英镑	海关两	英镑
1867 年	243781	81260	212829	70943	25857	8619	20860	6953	503327	167775
1868 年	235671	78557	158597	52866	17214	5738	14562	4854	426044	142015
1869 年	230342	76781	283090	94363	23785	7928	19187	6393	556404	185468
1870 年	229653	76551	229450	76483	18683	6228	20889	6963	498675	166225
1871 年	223007	74336	262933	87644	20870	6957	17450	2816	524260	174753

考查自 1863 年（1862 年只有 9 个月，这里略去）至 1871 年每年的进口贸易总值，并不足使我们满意地看到期望的贸易进展。虽然净值从 1863 年的 8048544 元（扣除复进口额）增至 1866 年的 10753273 元，但 1871 年又逐渐减少至 8511074 元。

除去复出口的出口贸易总值，在 1863 年达到 4092574 元，自那以后，降至 1865 年的 2699285 元，之后又在 350 万至 450 万元之间波动。1871 年的出口贸易总值为 4583576 元。

厦门和台湾之间发展的再出口贸易总值增长十分显著，从 1863 年的 382447 元增至 1871 年它所能达到的最大值 1713883 元。

税收在 1863 年达到 470992 海关两（Haikuan Tls），合 156997 英镑，直到 1866 年还依然保持这个数量，当时到达海关的税收达 533149 海关两，合 177716 英镑。随后两年，税收下降至 426144 海关两，合 142015 英镑，1869 年又增至最高的 556404 海关两，合 185488 英镑。第二年，税收下降至 498675 海关两，合 166225 英镑。1871 年再次上升，达到 524260 海关两，合 174753 英镑。9 年间，1863 年收集的最低税收与 1869 年最高税收的浮动仅为 85412 海关两，合 28471 英镑。

我们已经对贸易总值以及自海关开关以来收集的税收做了一些评论，下面我将着重简略地回顾一下 1871 年的贸易，并选择 1870 年和 1869 年来说明税收的增减。

进口贸易

1871 年的外国商品贸易总值（除去复出口），达到

4587611 元。外国复出口贸易总值达 1278850 元。本地产品
（除去复出口）进口贸易总值达 2209580 元。本地复出口总
值达 435033 元。首先，以重要的商品——棉纱为例，1869
年进口 10235 担，1870 年增加了 50％，达到 15724 担，1871
年达 17940 担（进口数量在 3 年之内几乎翻倍，值得注意的
是在外国海关建立之前，已知的棉纱贸易每年就达 18000
担）。类似的增长也出现在各色的布匹产品中。1869 年合计
进口 107914 匹，1870 年增加了 63％，达到 171016 匹，现在
达到 195160 匹，3 年内增加了 80％多。

前面的数字也许会和那些对厦门外贸感兴趣人士的期望
相悖，但这些贸易总值是以 1871 年的实际消费额来计算
的，正如销售数字所显示的，与 1870 年相比，以下产品的
数量得到了增加：

棉纱 ·· 增长 20％

衬衫布料 ··· 增长 10％

标布 ·· 增长 45％

我们看到，进口增幅提高了，但大堆待售货品成为 1872
年的消费品。

原棉——近 3 年来，来自印度的原棉进口增长了 4 倍。1870 年达 19195 担，约为 1869 年的 2 倍，1871 年达 38313 担。在这些数量中，仅有 630 担复出口到中国港口。大约说来，据说消费从 1869 年的 7300 捆增至 1871 年的 14600 捆。原因在于，与中国棉相比，印度棉价格相对较低。

从上海、宁波和香港进口的 24872 担中国棉，与 1869 年的 20191 担和 1870 年的 20631 担相比，也显示了一个不大的增幅。过去一年全部进口数量都计入消费中，没有一件是复出口的。

毛织品——主要包括羽纱、厚实斜纹织物以及羊毛棉织物，与 1869 年、1870 年相比，进口同样增长，这两年平均净进口 5532 匹，复出口 1708 匹。去年进口 6113 匹，其中复出口 3016 匹。但是这个港口的消费量出现下降。

鸦片——最近 3 年的进口量和复出口量为：

时间	1869 年	1870 年	1871 年
进口	5709 担	4995 担	4808 担
复出口	1388 担	1869 担	1751 担

从以上数字来看，鸦片贸易有一个明显的小幅下降。从

近 3 年进口数量中扣除复出口到台湾的数量，实际每年港口需要消费的数量介于 3721 至 3057 担之间。6 年来，即 1866—1871 年，进口数量仅仅变动了 66081 担，最大进口量为 1866 年的 546669 担，最少进口量则出现在 1871 年。1868 年复出口量减至 1091 担，1870 年则达 1896 担。这里提供的鸦片在去年大部分时间里，尤其是去年后半年，价格要比香港鸦片低，而厦门的鸦片就是由香港提供的。后来一大堆存货没有售出，并将留到 1872 年（这或许能减少 1872 年的药品进口），准备提价后售出，但直到 3 月底或 4 月初这都不大可能实现。

我在关于 1870 年厦门贸易的报告中，充分描写了对鸦片和棉织品征收厘金（Le-kin）税这一行为，以至随意提到它，都一定令人厌恶，人们认为它是不必要的。但回顾到这里的商业，我们应该记住，鸦片贸易已经合法化，因此应该对鸦片进口以一个固定的统一税率来征税，如果相同的规定也实施于厘金税中，这也是很好的。完全废除厘金税并不是那些理智的人所希望的。我也获悉许多人希望朝廷颁布一个固定、统一和公平的税收政策，而不是让省级官员任意征税。虽然这种政策的效果可能有限，但它并非迫不得已，或出于任何价值系统制定的，而是根据当地民风民情，以及人们所能承受的最高的税收（这种税收不至于激起民愤，造成骚乱）来制定的。因此，在人民叛逆好斗的汕头这个地方，每箱鸦片征税 14. 760 两，而在人民平和、遵守秩序的厦门却要征税 90. 266 两。我相信，对欧洲进出口必需品征收一个统一的厘金税将对国库和外贸都大有裨益。

进口谷类商品包括外国米 50498 担，本地大米 69254 担（其中仅有 3936 担是复出口的），本地小麦 36242 担，与 1870 年的总量几乎相同。在外国大米的收条上，一个几近 90％的亏空十分明显。但本地谷物几乎 130％的增幅使之平衡了。在这年的后半年，这些谷类产品的价格比往常的平均水平略微提高，但没有达到中国人预计的程度，他们原先预测物资的匮乏和价格的提高会达到像现在这样的程度。总计有豆类 228437 担，豆饼 159442 担，与 1870 年一样，被用作肥料，但豆类进口呈 55％的增长，弥补了豆饼几乎相同数量的降幅。豆类进口在北方相对便宜。

五金是这个贸易中一个次要的分支。1871 年进口铁 6273

担，1870 年 8367 担，1869 年 5454 担。铅 5688 担，汞 431 担，几乎和前两年一样。制钉盘条 2879 担，与 1869 年进口相比增长了 90％。应当注意的是，这个地区存在对金属贸易的垄断。外国进口商发现由于这个原因，要处理他们的存货相当困难，只要垄断存在，这个贸易分支就不能达到它的扩张限度。以上提到的制钉盘条的增长仅指进口，并未扩展到消费。

船运——1871 年，566 艘船只，总吨位为 215651 吨进港；570 艘船只，总吨位为 219038 吨出港。这些数字表明，与 1870 年相比，尽管进出港船只的吨位都略微下降，但进港船只增加了 9 艘，出港船只增加了 19 艘。1869 年的统计数据与此相当接近，因此无须比较。到访这个港口的轮船大量增加，导致了这样的推论，如果这个帝国丰富的煤矿允许得以开采，不久轮船将完全取代帆船。船只的供应量直到 11 月中旬还很大，但需要运载的货物并不多，这里的船只供应量和同时期的其他港口一样开始下降。然而由于 12 月的船运费很高，很有可能至少在 1872 年上半年还会更高，1871 年租赁船只为 162 艘，1870 年 171 艘，如果 12 月份这里有更多的船只，它们也将会被人们热切地租走。

出口贸易——本地产品出口贸易总额（除去沿岸贸易）1871 年达 4583576 美元。当地复出口总值 1713883 美元。复出口商品中也许足以列举两三种。茶叶是最重要的也是外国商人最感兴趣的出口商品。我已经准备了自厦门海关开关以来茶叶出口数量的汇报表。

汇报表的数据包括中国人出口到直布罗陀海峡（the Straits）以及各类港口茶叶的数量，但为了方便船运到美国而先运到厦门的淡水茶叶除外。

出口	至外国港口	至中国港口	总计
1862 年（担）	32830.39	7139.25	39969.64
1863 年（担）	50429.20	13715.81	64145.01
1864 年（担）	35897.27	17735.37	53632.64
1865 年（担）	34224.00	9523.00	43747.00
1866 年（担）	49560.54	9782.36	59342.90
1867 年（担）	53224.21	7570.70	60794.91
1868 年（担）	22409.40	13312.58	35721.98
1869 年（担）	78799.55	7168.96	85968.51
1870 年（担）	56100.47	8670.04	64770.51
1871 年（担）	66198.57	1882.39	68080.96
总数（担）	479673.60	96500.46	576174.06

1868 年茶叶出口的巨大赤字和 1869 年赤字的增长，主要是由于 1868 年，大量茶叶直至 1869 年才被船运出。

但是，这种贸易的进展，基于我对茶的贸易季节〔即从今年 6 月 30 日到明年 6 月 30 日，在此期间，这个季节结束于全部茶叶的船运（基本于 1 月底之前完成），而不是结束于海关年（止于 12 月 31 日），迄今已经成为常规〕茶叶出口数量的评论，将会更好地被传达给那些对它有兴趣的人。因此我在这里增补另一个表格，内含有外国商人仅出口到外国港口的茶叶数量，其中不包括出口到直布罗陀海峡等地的数量，也不包括中国人的沿岸贸易量。

厦门海关开关以来外国商人出口的茶叶

时间	重量（磅）
1862—1863 年茶季	7856122
1863—1864 年茶季	6224635
1864—1865 年茶季	6918671
1865—1866 年茶季	6979555
1866—1867 年茶季	7284826
1867—1868 年茶季	8006384
1868—1869 年茶季	8691058

时间	重量（磅）
1869—1870 年茶季	6763868
1870—1871 年茶季	＊6823399
1871—1872 年茶季	＊8171494

＊包括丢失在"太平"号（Taeping）和"辛加拉"号（Cengala）上的 917795 磅

上表的茶叶几乎全都是乌龙茶（Oolong）和工夫茶（Congou），工夫茶在市场上又称橙黄白毫（Orange Pekoe），它刚出产的时候数量很少。在近 4 个季节里，它已经完全在市场上绝迹。

乌龙茶—— 这种茶叶的出口在 1869—1870 年降至 3491206 磅，于 1870—1871 年增至 5443593 磅，在刚刚结束的 1871—1872 年茶季达 7766534 磅，是这个港口最大宗的出口商品。所有出口数量中，美国占 7393258 磅，而 1870—1871 年为 5073484 磅。

向英国的出口为 176665 磅，而 1870—1871 年的出口为 380109 磅。值得注意的是，厦门的乌龙茶就价格上看来，现在比福州的茶在纽约市场上更受欢迎。

工夫茶——这种茶的出口在 1869—1870 年达到顶峰，约有 50000 半箱（half-chest）或 21092321 磅用船运出。从那以后，出口跌至 1870—1871 年的 1216878 磅，和 1871—1872 年的 353514 磅。在某种程度上，这是由于茶商发现乌龙茶的价格很高，而工夫茶的市场很有限，便将他们的大多数茶叶制成乌龙茶。1871—1872 年的工夫茶几乎全都质量上乘，有 297916 磅出口到美国，55598 磅出口到英国，1869—1870 年出口量为 1799542 磅，1870—1871 年为 775419 磅。出口下降主要是因为普通工夫茶的质量问题，使它们被逐出伦敦市场，然而对于良种茶叶的购买，美国比英国更加自由。也许由于这个季节茶叶的供应量很少，没有船运将其送到殖民地，1870—1871 年这些殖民地接收工夫茶达 145790 磅。接下来的季节，出口也许会重新开始。

两三年来，厦门茶因它们包含大量茶末而不受青睐，1868 年，一些商行联合起来，协定不购买含有 20％以上茶末的茶叶，于是它们便稳步地在美国市场恢复一席之地（正如上面显示的，大多数茶叶都运到美国市场销售）。这一利润将在 1872—1873 年以及未来进一步减至 15％，在联合之前，这些茶叶有时竟含有多达 60％的茶末，结果，没有这一缺陷的日本茶逐渐将其取代。

到目前为止，厦门茶已经重获青睐，据最近得到的一些消息，它们似乎成为唯一使出口商获利的茶叶品种。

淡水茶主要通过厦门港运往纽约，它们的出口也呈显著增长。

时间	出口至纽约的重量（磅）
1869—1870 年茶季	370238
1870—1871 年茶季	778242
1871—1872 年茶季	1502000

下一季预期有更大的增幅。这些茶受人们喜爱的原因在于：首先，它们外观漂亮，而且茶末含量相当低，仅 5%—6%；其次，或许因为这些茶树年份不长以及它们所生长的土壤还未完全开垦，它们带有一种自然的香气。普通等级的台湾茶无须付出口费用，它们主要为当地人自己所用。

厦门糖的出口情况如下：

种类	1871 年	1870 年	1869 年	1862 年（仅 9 个月）
红糖（担）	155335	58723	50733	39921

续表

种类	1871 年	1870 年	1869 年	1862 年 （仅 9 个月）
白糖（担）	25553	13 158	13378	8898
冰糖（担）	83519	61416	60438	46781

这些令人满意的数字说明了，一年之内，红糖出口已呈 3 倍增长，白糖 2 倍，冰糖增长了 35％。自 1862 年海关开关以来糖出口的增幅十分显著。

纸张出口为 24300 担，自 1870 年以来，增加了 3000 担，但 1862 年以来的出口增幅仅约 9000 担。瓷器出口 30312 担，与 1870 年相比，减少了 16000 担，但与 1862 年出口相比，增长了 24000 担。

厦门和台湾之间的贸易——下列数字展示了厦门与台湾的高雄、淡水和基隆之间的贸易情况。

类别	1871 年	1870 年
外国进口商品复出口至台湾	1127438 元	1242946 元
厦门商品运至台湾	63459 元	34281 元
当地进口商品复出口至台湾	14854 元	19350 元
总计	1205751 元	1296577 元

1869 年这类贸易总值为 1031375 元。

查看下列表一、表二和表三，可以确定过去一年里这类贸易的本质和发展程度。

表一 1871 年外国商品从厦门复出口到台湾情况

种类	数量	价值（元）	总值（元）
棉织品			
灰色布料（匹）	50500	135692	
白色布料（匹）	2296	8132	
染色布料（匹）	100	386	
染色印花布料（匹）	246	1064	
标布（匹）	4498	8982	167122
鲜红色棉布（匹）	1890	4772	
美国斜纹布（匹）	570	2036	
英国斜纹布（匹）	1460	5822	
印花棉布（匹）	100	236	
总计（匹）	61660	——	
棉纱（担）	60	2241	2241

续表

种类	数量	价值（元）	总值（元）
毛织品			
英国羽纱（匹）	660	10485	28905
厚实斜纹织物（匹）	180	2828	
粗斜纹呢（匹）	1719	13718	
西班牙条纹布（匹）	72	1874	
总数（匹）	2631	——	
鸦片			
比那勒斯（Benares）（担）	1058.40	577914	905274
巴特那（Patna）（担）	234.00	134901	
波斯（Persian）（担）	320.40	184257	
土耳其（Turkey）（担）	14.16	8202	
总数（担）	1626.96	——	
杂货			
面粉（担）	78	348	23896
铅（担）	1976	13454	
窗玻璃（箱）	120	447	
其他商品	——	9647	
总值（元）	——	——	1127438

表二　1871年厦门产品出口或本地进口商品复出口到台湾情况

种类	出口		再出口	
	数量	价值（元）	数量	价值（元）
砖（块）	366500	2133	——	——
陶器（块）	1137	1310	——	——
麻袋（包）	237780	10755	——	——
铁器（担）	1518	10176	——	——
药品（担）	8	183	——	——
本色棉布（担）	225	13841	——	——
一号纸（担）	81	1176	38	573
二号纸（担）	156	1089	——	——
油纸（担）	——	——	34	1185
红糖（担）	350	1022	——	——
冰糖（担）	97	806	——	——
茶垫（片）	——	——	86600	3402
熟烟（担）	577	10647	113	3279
杂货	——	10321	——	6415
总值		63459		14854

台湾商品进口到厦门供国内消费和复出口的价值在1871年达到515775元，1870年达290207元，1869年达405245元。

表三　1871年从台湾进口到厦门的台湾本地产品情况

种类	数量	价值（元）
樟脑（担）	950	13134
木炭（担）	25150	12407
花生（担）	——	——
花生饼（担）	21088	33109
汉麻（担）	497	7850
米（担）	17301	31898
靛青种子（担）	100	570
芝麻种子（担）	1637	6453
芝麻种子饼（担）	570	951
乌龙茶（担）	12290	403314
硬木板（片）	1969	1626
杂货	——	3374
樟木板（片）	726	1189
总值	——	515775

在结束对过去一年商业概况的总结后，请允许我就贸易的经营方式发表一些看法。几年来，由外国人带到中国的信贷制度，在外国人与中国人交易过程中，使贸易显得很不安全，贷款发展到这样的程度，在许多情况下，整个销售都会

给予贷款，而不仅仅是 25%—30% 的货物预收款。结果当贷款期限到来时，人们通常并未支付任何费用。允许货物清关的时间是 2 个月，但现在已基本翻倍，并且经常允许超过这个期限。同时购买者也无须为过期的付款日期支付利息。这一有争议的制度遭到制止，所有外国商人同意，不发放超过 20% 的贷款，并将付款期限定为 2 个月，如有违反，罚款 1000 元。

这一补偿办法显然是所能采取的最好措施，当地商人如果没有一定量的贷款，就几乎没有任何资金来做生意，没有这些贷款，商业肯定是一潭死水。

户部的统计数据表明了厦门港贸易一个重要而有趣的特征。

时间	进口金银（元）	出口金银（元）
1870 年	1355395	762835
1871 年	2116069	682738
1862 年（仅 9 个月）	405170	909612

1871 年金银进口大量增长，超过 75 万元，这是由于外国人为了支付从马尼拉和直布罗陀海峡开出的汇票，便将这

些金银投入这个港口。但没人知道这是怎么回事。尽管以上数据显示了巨额款项，但人们发现每天都越来越难从中国商人那里拿到银元。中国人更愿意以物易物，而不愿用钱币来付款，发往台湾的银元下降了10％。很明显，增加的款项流向中国内地，或已经被当地市场吸收了。除非当前这些钱有不明的出路，否则人们就会推想，这笔钱一定是被中国人以外国人一无所知的方式特意藏起来了。

　　值得注意的是，最后，中国人已经开始意识到，与他们一直沿用的转移财产的老方法相比，使用外国汇票向香港汇款更具优势。

乔治·休士（GEORGE HUGHES）

厦门海关税务司（Commissioner of
Imperial Maritime Customs，at Amoy）